Rüdiger Liedtke

111 Orte auf Zollverein, die man gesehen haben muss

111

emons:

Bibliografische Information der Deutschen Nationalbibliothek
Die Deutsche Nationalbibliothek verzeichnet diese Publikation in der Deutschen Nationalbibliografie; detaillierte bibliografische Daten sind im Internet über http://dnb.d-nb.de abrufbar.

MIX
Papier | Fördert gute Waldnutzung
FSC® C083411

Karte: UNESCO-Welterbe Zollverein © Stiftung Zollverein
Gestaltung: Eva Kraskes, nach einem Konzept
von Lübbeke | Naumann | Thoben
Kartografie: altancicek.design, www.altancicek.de
Kartenbasisinformationen aus Openstreetmap,
© OpenStreetMap-Mitwirkende, ODbL
Druck und Bindung: CPI – Clausen & Bosse, Leck
Printed in Germany 2022
ISBN 978-3-7408-1637-7

Vorwort

Zollverein, dieses riesige Areal im Norden von Essen, war für die Menschen über Jahrzehnte eine »verbotene Stadt«, zu der Außenstehende keinen Zutritt hatten. Hinter ihren Mauern lag eine verborgene und unheimliche Welt von Kohle und Koks, die erst heute, lange nach der Stilllegung von Zeche und Kokerei, ihre Geheimnisse preisgibt. Der zentrale Schacht XII mit seinem markanten Doppelbock-Fördergerüst ist zum Wahrzeichen, zum sinnstiftenden Symbol für die gesamte Region geworden, zum »Eiffelturm des Ruhrgebiets«.

Als UNESCO-Weltkulturerbe steht Zollverein in einer Reihe mit den bedeutendsten Schlössern und Kathedralen Europas. Es ist heute das weltweit größte Architektur- und Industriedenkmal und lebendiges Zentrum für Kunst, Kultur und Events. Mit jährlich rund eineinhalb Millionen Besuchern hat es die höchste Besucherzahl eines Kulturdenkmals in Deutschland nach dem Kölner Dom.

Und es ist reich an Superlativen: 65 Gebäude, denkmalgeschützt, überwiegend in der Bauhausarchitektur der 1920er Jahre, mehr als 200 technische Maschinen, fast drei Kilometer Bandbrücken und über 13 Kilometer Rohrleitungen. Schacht XII galt als technisches und ästhetisches Meisterwerk der Moderne, als *die* durchrationalisierte Musterzeche. 150 Kilometer unterirdischer Gänge umfasste das gigantische Grubenfeld der Schächte von Zollverein in bis zu 1.000 Metern Tiefe. Mit einer Fläche von 100 Hektar ist Zollverein größer als die Essener Stadtmitte.

Die ehemals »verbotene Stadt« ist zu einer Top-Adresse in den Bereichen Design, Kunst und Fotografie geworden, zu einem Ausstellungs- und Konzertmagneten und einer quirligen Event-Location, zu einem Eldorado der Innovations- und Kreativitätswirtschaft. Begeben Sie sich auf eine 111-fache spannende und einzigartige Entdeckungsreise in und um Zollverein, durch die Zeche, die Kokerei, die außergewöhnliche Haldenlandschaft und den Skulpturengarten. Sie werden staunen.

111 Orte

1 Der Abbauhammer

Mit Pressluft an die Kohle kommen

Unter Tage zu schuften war immer Schwerstarbeit. Bis zu Beginn des 20. Jahrhunderts dominierten Schrämeisen, Schlägel, Keilhaue und die sogenannte Pannschüppe, die Kohle wurde aus dem Streb geschlagen und in die Förderwagen geschaufelt, der Vortrieb durch Holzstempel vor Stein- und Kohlenfall vom Bergmann selbst gesichert. Da waren Erfindung und Einsatz des Abbauhammers eine Revolution. Aber der diente in erster Linie der Produktionssteigerung, des unaufhörlichen Streckenvortriebs, der noch rasanteren Kohleförderung. Und er ließ den Abbau in den steilen Lagen der Schachtanlage 4/11 von Zollverein zu. Doch wer glaubt, dass die Arbeit mit dem von Pressluft über Tage pneumatisch angetriebenen Hammer in irgendeiner Weise humaner, arbeitsfreundlicher war, der irrt.

Schicht um Schicht mit diesem Drucklufthammer das Spitzeisen im Streb voranzutreiben war für die Kumpel Höllenarbeit. Der Hammer durchrüttelte unaufhörlich den Körper, mit bis zu 2.000 Schlägen pro Minute, knallte auf die Hand- und Ellenbogengelenke, täglich acht Stunden lang. Die »Abbauhammerkrankheit« war an der Tagesordnung. Durchblutungsstörungen, Zittern. Und dazu kam der immerwährende Wirbel von Gesteins- und Kohlenstaub, der erst gelindert werden konnte, als man zu Beginn der 1960er Jahre dem Abbauhammer eine Mechanik hinzufügte, die das permanente Zuführen von Wasser erlaubte.

Man sollte den Abbauhammer im Rahmen einer Denkmalpfad-Führung mal in die Hand nehmen, zumindest den Versuch starten. Schnell gerät man ins Wanken. Denn die älteren Exemplare wiegen bis zu 14 Kilogramm. Diese Ungetüme im Streb handzuhaben, teils in gebückter Haltung, war mehr als nur ein Knochenjob. Denn die Bergbautechnik war noch Jahrzehnte entfernt vom vollmechanischen Strebausbau, der Einführung des Kohlenhobels. Der Abbauhammer war bis in die 1970er Jahre hinein fester Bestandteil unter Tage.

Adresse Wagenumlauf, Schacht XII, Gelsenkirchener Straße 181, 45309 Essen, Tel. 0201/246810, www.zollverein.de | Wie komme ich hin? Parkplätze A 1, A 2; Straßenbahn 107, Haltestelle Zollverein; Bus 183, Haltestelle Kohlenwäsche | Öffnungszeiten täglich 10 – 18 Uhr, Denkmalpfad-Führungen nach Vereinbarung

2 Die ARKA Kulturwerkstatt

Workshops und Ferienakademien

Alles begann 1977 mit einer Tiefdruckpresse für Radierungen, die sich heute noch in den ARKA-Räumen auf Zollverein bestaunen lässt. Eine Handvoll Kunststudenten der Universität Essen, Fachbereich Kunstpädagogik und Visuelle Kommunikation, schloss sich zu einem Künstlerkollektiv zusammen, um dem universitären Gleichklang zu entgehen. Ihr Ziel: Kunst in eigenen Räumen zu kreieren, produktiv zu sein, auszustellen, die Öffentlichkeit teilhaben zu lassen. Eine Kulturwerkstatt sollte entstehen, offen auch für externe Künstlerinnen und Künstler. Die ARKA, beheimatet im Stadtteil Schonnebeck, wurde im Kulturbetrieb des Essener Nordens zu einer festen Größe, die 1991 mit dem »Kulturpreis der Stadt Essen« ausgezeichnet wurde.

Seit 1994 sind die ARKA Kulturwerkstatt und ihre durchweg ehrenamtlich agierenden Mitglieder auf Zollverein Schacht XII tätig und Teil der Konzeption, Zollverein zu einem Kunst- und Kreativmagneten umzugestalten. Und das Konzept geht auf. Die ARKA – der Name geht zurück auf das lateinisch-gotische »arca / arka« (Arche) – versteht sich in ihrer offenen Atmosphäre als »Schnittstelle« zwischen Künstlern beziehungsweise Kunstpädagogen und kunstinteressierten Bürgern. Neben regelmäßigen Ausstellungen eingeladener Künstlerinnen und Künstler präsentieren auch die ARKA-Mitglieder einmal jährlich ihre Werke in einer großen Jahresausstellung. Die gezielte Einbindung in das kreative Umfeld von Zollverein gibt zusätzliche Kicks.

Aber die ARKA Kulturwerkstatt ist viel mehr: Es gibt in den hellen Räumen der einstigen Lesebandhalle der Zeche die unterschiedlichsten Kursangebote. In meist kleinen Gruppen werden für Anfänger und Fortgeschrittene Workshops, Projekte und Aktionen sowie regelmäßige Sommerakademien veranstaltet: von der Holzbildhauerei, der Radierwerkstatt, dem Malen mit Öl- und Acrylfarben bis hin zu Druckgrafik und plastischer Gestaltung.

Adresse ARKA Kulturwerkstatt e. V., Schacht XII, Halle 12, Gelsenkirchener Straße 181, 45309 Essen, Tel. 0201/306140, www.arka-kulturwerkstatt.de | **Wie komme ich hin?** Parkplatz A2; Straßenbahn 107, Haltestelle Zollverein; Bus 183, Haltestelle Kohlenwäsche | **Öffnungszeiten** Do, Sa, So 14–16 Uhr und nach Vereinbarung

3 Der Aschebunker

»La Primavera« als begehbares Kunstwerk

Ein wenig interpretationsbedürftig ist der Eintritt in den »Frühling« schon. Wobei der Besucher der begehbaren Rauminstallation »La Primavera« der 1943 in Görlitz geborenen und im kalifornischen Santa Ana lebenden deutsch-amerikanischen Objektkünstlerin Maria Nordman seinen Empfindungen freien Lauf lassen darf. Eintragungen im ausliegenden Gästebuch zeugen davon.

Von außen wirkt der 2002 installierte gräuliche Kubus wie ein auf den alten Schienen der Turmdurchfahrt des ehemaligen Aschebunkers eingefahrener stählerner Container, in den die Asche der sechs Riesenöfen des nahen Kesselhauses eingetrichtert werden soll. Wie einst in die hier durchgefahrenen Waggons. Als integraler Bestandteil der industriellen Welt der Schachtanlage XII. Aber »La Primavera« ist viel mehr, will den Kreislauf des Lebens aufzeigen, den Ursprung der Kohle vor Jahrmillionen, ihren Abbau und ihre Nutzung bis zur Öffnung der alten Industrieanlage für die Kunst.

Das begehbare Objekt der wiederholt auf der Kasseler documenta und der Biennale in Venedig präsenten Künstlerin besteht aus drei Teilen. Durch ein bewegliches Scharnier lässt sich der Container nach vorne hin aufklappen. Dadurch entsteht ein Vorraum, der allerlei Alltagsgegenstände vorhält: Tisch, Stühle, Geschirr, Gefäße. Aber entscheidend: Es strömt Sonnenlicht ein. Farbiges Glas der gegenüberliegenden Seite erzeugt spektralartige Farbeffekte. Nur einzeln darf der Besucher den Kubus betreten. Den komplett leeren weißen Raum. Hallend, dunkel, mit einem Hauch von Licht. Allein und isoliert. Assoziationen zur Arbeit im Bergwerk?

Dann zurück ins Licht, ins Farbige, hinaus ins Freie, den dritten Teil von »La Primavera«. In den kleinen, symmetrisch angelegten Garten hinter dem Container, mit den Ginkgo-Bäumen und den zwei Urbaumarten, die zu den ältesten ihrer Art zählen. Und dann ist da noch die Nordmanntanne aus dem Hier und Jetzt.

Adresse »La Primavera«, Aschebunker, Schacht XII, Gelsenkirchener Straße 181, 45309 Essen, Tel. 0201/246810, www.zollverein.de | **Wie komme ich hin?** Parkplatz A2; Straßenbahn 107, Haltestelle Zollverein; Bus 183, Haltestelle Kohlenwäsche | **Öffnungszeiten** April–Okt. Fr–So und Feiertage 11–17 Uhr, von außen immer einsehbar

4 Der Asteroid

Künstlerischer Einschlag vor der Stiftung

Er kam nach eigener Aussage als gelernter Schweißer zur Bildhauerei. Angestellt in einer Karosseriewerkstatt, hatte er es mit einem Porsche und dessen hochnäsigem und arrogantem Besitzer zu tun. Der redete Hex so schwach an, dass dieser aus einem Kotflügel des teuren Autos kurzerhand ein Objekt mit Nase und Ohren schweißte. Großes Entsetzen, die fristlose Kündigung, 1.200 Mark Schadensersatz. Den entstellten Kotflügel durfte er behalten, verkaufte ihn für das Doppelte, und der Entschluss stand fest: Das ist mein Beruf, ab heute arbeite ich als Bildhauer.

Der in der Hallertau in Bayern lebende, 1964 in München geborene Stahlbildhauer Hex, der neun Jahre lang auch ein Atelier in Kanada unterhielt, gehört zu den international anerkannten Bildhauern seiner Zunft, erzielt mit seinen teils monumentalen Stahlskulpturen hohe Summen und ist als Mitglied der angesehenen Royal Society of Sculptors auf den wichtigen Ausstellungen präsent. Seit 2019 ist eines seiner Objekte auch vor der früheren Zechendirektion in der Bullmannaue, dem heutigen Sitz der Stiftung Zollverein, zu sehen: der »Asteroid PF751ZH«, in Wucht und Größe der Höhepunkt einer ganzen Serie von Himmelskörpern. Ein Stahlkoloss, geschweißt aus Hunderten einzelner Edelstahlplatten, dreidimensional, frei geformt. Diese Großskulptur wurde im Rahmen eines Kolloquiums zum Thema »Brexit und die Folgen« ins Ruhrgebiet geschafft und ist nun bleibend in der Bullmannaue eingeschlagen.

»Generell komme ich vom Schrott«, kokettiert der Stahlbildhauer, Schweißer und Autodidakt, dessen Kunstwerke aus Edelstahl, Bronze oder Marmor sind und dessen Handwerkszeug das Schweißgerät, der Hammer und die Flex ist. Er liebt vorgeformten Industrieschrott, den er intensiv bearbeitet und dann auf Hochglanz poliert. Dabei folgt er in der Abstraktion der »Skulptur in ihrer Entwicklung«, vielfach ohne genau zu wissen, wohin die Reise geht.

Adresse Bullmannaue 11, 45237 Essen, Tel. 0201/24681100, www.zollverein.de | **Wie komme ich hin?** Zufahrt über Bullmannaue oder Haldenstraße; Straßenbahn 107, Haltestelle Zollverein oder Abzweig Katernberg; RB 32 und 35, Haltestelle Zollverein Nord | **Öffnungszeiten** von außen immer einsehbar

5 Das Atelier Mack

Die »Shoppingmall« in der Lesebandhalle

An den Wochenenden ist er immer da, und das schon seit über 20 Jahren. Die stets offene Tür lädt zum Besuch des meist überbordend vollen Ateliers in einem der hohen Räume der unteren Etage der ehemaligen Lesebandhalle ein, da, wo einst die kohlebeladenen Güterzüge fuhren. Seit 2001 hat der 1953 geborene Maler, Fotograf und Grafiker Thomas Mack sein Werksatelier auf Zollverein.

Der eine Palette kreativer Techniken beherrschende Künstler demonstriert in seinem Atelier im Erdgeschoss der Halle 12 auch mit Vorliebe seine Methode, Kunst zu entwickeln und zu schaffen. Man kann ihm bei der Arbeit über die Schulter schauen oder in einer der vielen Mappen, in Grafikcontainern und Schubfächern nach seinen Werken stöbern. Auch die Wände des lichtdurchfluteten Ateliers sind dicht behängt und voll bis unter die Decke. Seine Spezialität: Radierungen, Drucktechniken, Acrylmalerei und sogenannte Fotofrottagen. Mack arbeitet in der Regel mit Stichel und Radiernadeln, mit denen er Motive auf Druckplatten ritzt, bevor sie in der Druckerpresse in verschiedenen Behandlungsstufen Gestalt annehmen.

Die einstige Lesebandhalle, in der die Bergleute per Hand Gestein von Kohle trennten, war früher im Erdgeschoss nach außen hin offen, hier fuhren auf fünf Gleisen unzählige Güterzüge, um Stückkohle zu transportieren. Mit der Sanierung der Halle bekam der untere Teil des Gebäudes eine Glasfassade. Durch sie führt jetzt die »Kulturstraße« mit Ateliers, Geschäften und Veranstaltungsräumen.

Neben dem Atelier von Thomas Mack findet man in Halle 12 weitere kreative Werkstätten und Läden, darunter die ARKA Kulturwerkstatt, die Galerie der Firma SchmuckProdukt, die Filiale der Modefirma »Grubenhelden«. Und das »Bistro Schacht XII«, das vollmundig von sich behauptet, »die beste Currywurst des Ruhrgebiets« vorzuhalten.

Adresse Atelier Mack, Schacht XII, Halle 12, Gelsenkirchener Straße 181, 45309 Essen, Tel. 0162/4329656, www.thomasmack-malerei.de, www.handgedruckt.de | **Wie komme ich hin?** Parkplatz A 2; Straßenbahn 107, Haltestelle Zollverein; Bus 183, Haltestelle Kohlenwäsche | **Öffnungszeiten** Sa, So 13 – 18 Uhr und nach Vereinbarung

6 Die Aussichtsplattform

Auf dem Panoramadach der Kohlenwäsche

Dieser Blick ist schwer zu toppen. Wenn man sich die 108 Stufen durch das enge Treppenhaus von der 24-Meter-Ebene der Kohlenwäsche oberhalb der Ausstellungsflächen des Ruhr Museums und des Besucherzentrums und vorbei an der 30-Meter-Ebene mit dem Portal der Industriekultur erlaufen und die schwere Stahltür hinter sich gelassen hat, verschlägt's einem den Atem. Diesen Blick nimmt man für lange mit. Ganz nebenbei: Wenn man einen der durchweg freundlichen Museumsbediensteten bittet, mit dem Aufzug in die oberste Ebene fahren zu dürfen, wird dieser Bitte in der Regel nachgekommen. Die ehemalige Kohlenwäsche war das größte, höchste und komplexeste zu Schacht XII gehörende Gebäude.

Im Zuge der Umgestaltung und des Ausbaus der Kohlenwäsche zum Ruhr Museum entstand auf der neuen, darüberliegenden Ebene mit dem Erich-Brost-Pavillon auch die Aussichtsplattform auf einem in 45 Metern Höhe liegenden Panoramadach. Auf einer optischen Linie mit der Spitze des gegenüberliegenden Doppelgerüstes von Schacht XII. Von hier hat man einen unvergleichlichen Blick auf die Landmarken des umliegenden Ruhrgebiets. Nur wenn man den Gasometer Oberhausen sehen will, muss man sich ein wenig über die Brüstung beugen und um die Ecke eines Lüftungsschachts schauen.

Unvergesslich ist die Sicht auf die Arena auf Schalke, die Sternwarte Bochum, die Große Halde, Bottrops Tetraeder, die Nachbarzeche Nordstern in Gelsenkirchen sowie die Trabrennbahn Gelsenkirchen. Vor allem aber begreift man hier oben das riesige Areal von Zollverein, das vom Umfang her die Essener Innenstadt übertrifft. Denn unter einem öffnet sich das gesamte Gelände: die Wucht von Schacht XII mit den vielen dazugehörigen Gebäuden, das Areal von Schacht 1/2/8, der Folkwang-Campus, das SANAA-Gebäude und besonders die gesamte Kokerei mit ihren sechs gigantischen, die Skyline prägenden Kaminen.

Adresse Kohlenwäsche, Schacht XII, Gelsenkirchener Straße 181, 45309 Essen, Tel. 0201/246810, www.zollverein.de | Wie komme ich hin? Parkplätze A 1, A 2; Straßenbahn 107, Haltestelle Zollverein; Bus 183, Haltestelle Kohlenwäsche | Öffnungszeiten täglich 10–18 Uhr

7 Die Bandbrücken

Die Ästhetik der Förderbänder

Die Verläufe der unzähligen Bandbrücken auf Zollverein sind schwer nachzuvollziehen. Überall trifft man sie an, die markanten, meist diagonal oder waagerecht, vielfach schräg verlaufenden Konstruktionen. Einige wurden saniert und sind im Rahmen von Führungen sogar zugänglich. Andere scheinen im Nirgendwo zu enden, wieder andere führen zur Halde, mit zerschlagenen Scheiben, verrostet, vom Grün umwuchert, abgesperrt, mit Graffiti besprüht. »Betreten streng verboten!«

Das bis ins Letzte ausgeklügelte Konzept der Bandbrücken zwischen den einzelnen Gebäudekomplexen der Zeche und der Kokerei bildete die »Lebensader« des gesamten Produktionsprozesses, den Kohle und Koks von der Förderung von unter Tage bis zur Verladung nahmen. Alles, was dem Betrachter heute irgendwie wirr, planlos und zufällig erscheint, hatte System. Das Geflecht von Verbindungs- und Transportlinien allein der 2,7 Kilometer langen Bandbrücken, der unzähligen Gleise, Straßen und Rohrleitungen, die alle miteinander verknüpft waren, sicherte den immerwährenden, reibungslosen Transport zu den einzelnen Etappen der Verarbeitung.

Dabei gab es die unterschiedlichsten Bandbrücken oder besser »Schrägbandbrücken«, was Länge und Größe anging, die vielfach über Knotenpunkte miteinander verbunden waren. Sie führten scheinbar kreuz und quer zwischen Wagenumlauf und Kohlenwäsche zum Kokskohlenbunker auf Schacht XII und schließlich zum Wiegeturm und in 40 Metern Höhe zur viergeschossigen Mischanlage der Kokerei, wo die Kohle in Bunkern gelagert und für die Weiterverarbeitung auf der »schwarzen Seite« gemischt wurde. Einige hundert Meter des bizarren Netzwerks dieser in Stahlskelettbauweise errichteten, mit Fensterbändern versehenen Brücken, in denen im Innern neben den Transportbändern schmale Gänge für die Bergleute verliefen, wurden zwischenzeitlich saniert und zugänglich gemacht.

Adresse Schacht XII, Schacht 1/2/8 und Kokerei, Gelsenkirchener Straße 181, 45309 Essen | Wie komme ich hin? Parkplätze A 1, A 2; Straßenbahn 107, Haltestelle Zollverein; Bus 183, Haltestelle Kohlenwäsche und Kokerei | Öffnungszeiten immer zu besichtigen

8 Der Barbara-Altar

Jugendstil und Bergbau in St. Nikolaus

Sie ist *die* Kirche im Essener Norden. Neuromanisch, rotbraune Sandsteinfassade, zwei knapp 50 Meter hohe, achteckige, kupferbedeckte Türme – so thront die katholische Pfarrkirche St. Nikolaus, deren Ursprünge bis ins 11. Jahrhundert zurückreichen und die in ihrer heutigen Pracht 1907 geweiht wurde, auf dem ehemals weithin sichtbaren Stoppenberg. Wer aus der Essener Innenstadt zum Weltkulturerbe Zollverein unterwegs ist, kommt an ihr und dem vorgelagerten, nach der Äbtissin Swanhild benannten Schwanhildenbrunnen (nicht) vorbei.

Die Vorgängerkirche wurde zu Beginn des 20. Jahrhunderts, als der Bergbau hier alles zu dominieren begann und die Bevölkerung im Essener Norden rasant anwuchs, schnell zu klein. Die neue, vom Kölner Architekten Carl Moritz (1863–1944) erbaute Kirche wartet im mit Säulen versehenen Kircheninnern mit sehenswerter Jugendstilornamentik an den Wänden, den Betstühlen und der Brüstung der Orgelempore auf sowie mit einer verspielten, filigranen, bläulich schimmernden Holzkassettendecke in 21 Metern Höhe, die 1937 anstelle der durch Bergschäden – Stollen der Zeche Zollverein verliefen unmittelbar unter dem Kirchhügel – demolierten Jugendstilbemalung wirkungsstark eingesetzt wurde. Herausragend sind auch die 14 hoch über dem Gestühl an den Längsseiten der Kirche modellierten farbigen Kreuzwegstationen mit den bis zu eineinhalb Meter hohen Holzfiguren des Bildhauers Heinrich Püts (1882–1962).

Die Gläubigen, die sich hier zu Gottesdiensten einfanden, hatten nahezu alle mit dem Bergbau tun. Das manifestiert sich im 1928 durch den von Heinrich Püts im rechten Seitenschiff errichteten Barbara-Altar. Zwei kniende Bergleute huldigen ihrer Schutzpatronin. Auf einer in den marmornen Altarsockel eingelassenen, aus goldenen Mosaiken gesetzten Tafel heißt es: »Schutzpatronin St. Barbara bewahre die Bergknappen vor einem jähen und unvorhergesehenen Tode. Amen«.

Adresse St. Nikolaus (seit 2020 Chaldäisch-katholische Gemeinde), Essener Straße 4, 45141 Essen, Tel. 0201/5455637 | **Wie komme ich hin?** Straßenbahn 107, Haltestelle Ernestinenstraße | **Öffnungszeiten** Di 9–12 Uhr, Mi 14–16 Uhr, Sa 10–13 Uhr und auf Anfrage

9 Das Baulager

Die »Keramische Werkstatt Margarethenhöhe«

Die 1951 im südkoreanischen Seoul geborene Künstlerin und Keramikerin Young-Jae Lee ist auf Zollverein eine Institution internationalen Ranges, die von ihr seit 1993 geleitete »Keramische Werkstatt Margarethenhöhe« eine herausragende Marke. Bereits seit 1987 ist die Werkstatt, die im Kontext der von Margarethe Krupp gestifteten Gartenstadtsiedlung »Margarethenhöhe« 1925 gegründet wurde, auf dem Terrain des ehemaligen Baulagers der Schachtanlage 1/2/8 aktiv, in einem verwunschenen Gelände unmittelbar an der alten Halde an der Bullmannaue.

Betritt man die beiden flachen, lang gezogenen, in einem üppig begrünten Garten liegenden Gebäude, fallen einem Hunderte Gefäße unterschiedlicher Größe und Form ins Auge, in ausladenden Regalen, auf Tischen und Bänken. Alles wirkt frisch, hell und durchgehend modern. Das liegt einerseits an den meist klaren Farben und Glasuren der Exponate, mehr aber noch an der bestechenden Formgebung, an den Linien und Schwüngen der Teller, Schüsseln, Vasen und Geschirrserien. Alles eher minimalistisch, in der Wirkung ausdrucksstark, zeitlos modern. In der stringenten Sachlichkeit erkennt man die Tradition und Handschrift des Bauhauses aus den 1920er Jahren. Jedes Gefäß steht für sich. Frei von jeder Mode, jedem Zeitgeist.

Young-Jae Lee, deren Exponate sich international in zahlreichen Kunst- und Keramikmuseen wiederfinden, und ihr sechsköpfiges Team entwerfen alle Kreationen selbst, mitunter beeinflusst durch koreanische Traditionen. Alles ist handgemacht, wird individuell an der Töpferscheibe vor Ort produziert. Gebrannt wird in vier Holzbrandöfen unterschiedlicher Stärke, bei bis zu 1.300 Grad.

Das phantasievolle und abwechslungsreiche Manufakturprogramm der »Keramischen Werkstatt Margarethenhöhe«, darunter auch einige der »Meisterstücke« und Editionen von Young-Jae Lee, sind im Show- und Verkaufsraum der Werkstatt zu sehen.

Adresse Keramische Werkstatt Margarethenhöhe, Bullmannaue 19, 45327 Essen, Tel. 0201/305080, www.kwm-1924.de | **Wie komme ich hin?** Straßenbahn 107, Haltestelle Zollverein oder Abzweig Katernberg; RB 32 und 35, Haltestelle Zollverein Nord | **Öffnungszeiten** Mo – Fr 9 – 17 Uhr, Sa 11 – 15 Uhr

10 Die Bergehalde

Der Luftschutzbunker unterm Abraum

Die mit 3,8 Hektar kleinste, aber älteste Halde der 1847 von Franz Haniel gegründeten Zeche Zollverein entstand mit den ersten Abteufarbeiten der Schachtanlage 1/2, also dem Vortrieb in die kohlehaltige Tiefe. Bis zur Gründung der Zeche befanden sich dort, wo sich heute die Halde auftürmt, die zwei Höfe der Bauern Lindenschmidt und Schroer, die wie zahlreiche andere Höfe der damaligen Bauernschaft Katernberg kurzerhand vom Zecheneigner Franz Haniel aufgekauft und abgerissen wurden. Die Reste der Bauernkotten dürften unter der Halde liegen. Ab 1848 wurde hier das Bergematerial an der Ecke Haldestraße und Gelsenkirchener Straße aufgeschüttet. Bei den Menschen hieß die Stelle »der Steinhaufen«. Die Schächte 1 und 2 wurden auf dem Grund des zuvor aufgekauften Bullmannhofes errichtet.

Die eng an die Straße heranreichende Halde, ein sogenannter Spitzkegel, ist offiziell nicht begehbar, verboten ist ihre Besteigung aber nicht. Allerdings ist ein Betreten der Halde wegen ihrer vollkommen wilden und ungezügelten Vegetation von dichtem Buschwerk und geknickten Bäumen nicht sinnvoll und ratsam. Das war nicht immer so. Denn diese schon um 1900 gefüllte und mit Birken bepflanzte Halde hatte Jahrzehnte später wieder eine Funktion: Sie wurde während des Zweiten Weltkrieges zum Luftschutzbunker umfunktioniert, für die Bergwerksdirektion und die leitenden Angestellten der nahen Zechenzentrale, aber auch für die über Tage arbeitenden Zechenarbeiter und deren Familien, die in der Nähe wohnten.

Es gibt heute einen kleinen Pfad, den man durch dichtes Unterholz ergehen kann und der einen vor ein vergittertes Tor führt, den Eingang des unter der Halde angelegten Luftschutzbunkers. Und nimmt man die alten geografischen Karten zu Hilfe, sieht man, wie lang und verzweigt dieser Bunker, einem Stollenvortrieb gleich, bergmännisch in und unter den Kegel gebaut wurde.

Adresse Bullmannaue (gegenüber von Schacht 1/2/8), 45327 Essen | Wie komme ich hin? Straßenbahn 107, Haltestelle Zollverein oder Abzweig Katernberg; RB 32 und 35, Haltestelle Zollverein Nord | Öffnungszeiten Halde immer einzusehen

11 Der »Bergmannsdom«

Heimstatt der protestantischen Bergleute

Der Terminus »Bergmannsdom« ist neueren Datums, wie Küster Eckhard Wagner und Lothar Jorczik, der Kustos der kircheneigenen »Sauer-Orgel«, des Prunkstücks der Kirche, übereinstimmend erzählen. Irgendwann, vor gut 30 Jahren, nannte der damals amtierende evangelische Pfarrer die alles überragende evangelische »Kirche am Markt« in Katernberg, die größte protestantische Kirche in Essen, so, und seitdem hat sie ihren Namen weg. Aber irgendwie lässt sich das nachfühlen, denn dieser rote, den Markt des Arbeitervororts beherrschende Kirchenbau wurde eigens für die überwiegend aus dem Osten eingewanderten Arbeitskräfte, die in den Steinkohlezechen von Zollverein tätig waren, in dieser ansonsten katholisch geprägten Gegend errichtet.

Initiiert und finanziert auf einem zecheneigenen Grundstück, mit roten Backsteinen aus der zecheneigenen Ziegelei, war bereits 1870 auf Initiative des reformierten Protestanten Hugo Haniel eine erste evangelische Kirche für bis zu 600 Personen entstanden. Aber die Gemeinde wuchs mit der Expansion der Zeche, umfasste zur Jahrhundertwende über 6.000 Mitglieder.

Die Familie Haniel beauftragte den Essener Architekten Carl Nordmann mit dem Bau einer neuen Kirche, größer, neoromanisch, mit 1.430 Sitzplätzen, die 1901 geweiht wurde. Die von Bergschäden gezeichnete alte Kirche wurde abgerissen. Die dreischiffige, 158 Meter hohe neue Hallenkirche, ein Backsteinbau, innen verklinkert und versehen mit umfänglichen Stahlsäulen und -gerüsten, wurde vom Architekten durch die verbauten Materialien bewusst in einen Kontext mit dem Bergbau gestellt. Die Haniels stifteten der Gemeinde zur Eröffnung der Kirche auch ein silbernes Abendmahlsensemble, das in den 1960er Jahren gestohlen wurde, von dem aber Jahre später eine Weinkaraffe wiedergefunden werden konnte. Sie wird heute in der Kirche als Rarität und Kostbarkeit unter Verschluss gehalten.

Adresse Evangelische Kirche Katernberg, Katernberger Markt 12, 45327 Essen, Tel. 0201/353377 | **Wie komme ich hin?** Bus 173, 183, Straßenbahn 107, Haltestelle Katernberger Markt | **Öffnungszeiten** während der Gottesdienste oder nach Vereinbarung im Küsterbüro unter Tel. 0201/1850660

12 Die Bergschäden

Plötzlich Risse in den Wänden – das Haus sackt ab

Bergschäden sind in Teilen des Ruhrgebiets, in einer nahezu komplett durch den Bergbau unterhöhlten Welt, Begleiterscheinungen des Alltags. Von den älteren Häusern, die über den frühen Bergwerken des 19. Jahrhunderts erbaut wurden, weisen nur wenige keine Schäden auf. Es beginnt mit Rissen in den Wänden, Fenster und Türen lassen sich nicht mehr schließen, das Haus gerät in Schieflage, senkt sich. Erst unmerklich, immer nur wenige Millimeter im Jahr, dann deutlich. Das Beispiel des im Ruhr Museum ausgestellten Suppentellers, der sich nur noch halb füllen ließ, war für viele Familien an der Tagesordnung. Und: »Im Wohnungsflur meinte man, bergauf zu gehen.«

Die häufigsten Bergschäden: Bergsenkungen, aber auch Hebungen des Untergrunds durch ansteigendes Grubenwasser, die bei Gebäuden Mauerrisse und Schiefstellungen verursachen. Tagesbrüche zerstören mitunter ganze Häuser. So manche Garage ist schon samt Auto im Untergrund verschwunden. Für die Schadensbehebung von Bergbauschäden ist in der Regel die RAG-Stiftung verantwortlich, als Nachfolgeorganisation der Ruhrkohle AG (RAG).

Auch über dem Grubenfeld von Zollverein hat sich die Erde gesenkt, teilweise bis zu zwei Meter. Besonders betroffen: der Stadtteil Schonnebeck, der durch die unterirdischen Strecken der 1880 und 1894 abgeteuften Schächte 3/7 und später 10 bis heute als nicht mehr »lotgerecht« gilt. Auch die katholische Kirche in der Immelmannstraße durchlitt jahrzehntelang eine Serie von Bergschäden. Herunterstürzende Gesteinsbrocken, Risse und Schiefstellungen führten schließlich zur Verlegung eines »Ringankers« um das ganze Bauwerk. Und der frei stehende Campanile, der »schiefe Turm von Schonnebeck«, ganze 1,38 Meter aus dem Lot geraten, wurde aufgerichtet und mit einem unsichtbaren technischen Mechanismus versehen, der ihn bei neuerlichen Erdbewegungen automatisch wieder in Stellung bringt.

Adresse Ruhr Museum, Schacht XII, Gelsenkirchener Straße 181, 45309 Essen, Tel. 0201/24681444, www.ruhrmuseum.de | Wie komme ich hin? Parkplätze A 1, A 2; Straßenbahn 107, Haltestelle Zollverein; Bus 183, Haltestelle Kohlenwäsche | Öffnungszeiten täglich 10–18 Uhr

13 Die Betonplastiken

Die Künstlergruppe Observatorium

Überall auf dem Areal von Zollverein trifft man auf kleine und größere Betoninseln, in sich geschlossene Blöcke, Rechtecke, Quadrate und Bänke, die zu unumstößlichen Bestandteilen von Zeche und Kokerei geworden sind. Die Idee stammt von der Rotterdamer Künstlerkooperative »Observatorium«, die im Zuge der Gestaltung des Zollverein Parks durch die Landschaftsarchitekten der Planergruppe Oberhausen und anderer 2014 als Sieger eines internationalen Wettbewerbs zur Gestaltung des Parks hervorgegangen ist, für die künstlerische Ausgestaltung zuständig war und Zollverein einen unverwechselbaren Stempel aufgedrückt hat. Als »Observatorien« definiert die Künstlergruppe »begehbare Installationen im öffentlichen Raum«. Die Objekte sollen dabei stets einen praktischen Nutzen haben. Wird das klar, sieht man diese auf den ersten Blick vielleicht irritierenden Betonkonstruktionen in einem anderen Licht.

Die 1994 gegründete Künstlergruppe, bekannt geworden durch Rauminstallationen in zahlreichen Städten Europas, zeichnet auch für die Besucherpavillons von Schacht XII und der Kokerei verantwortlich. Die Konstruktion einzelner Module nimmt die formale Ästhetik der Zechenarchitekten auf. In die Betonkonstruktionen – kleine »Häuser«, individuell gestaltete »Vorgärten«, vier Zugänge – sind die möblierten Empfangsräume eingelassen. Assoziationen zu den Häusern der Zechensiedlungen, den »Vierspännern« mit Haus, Garten und Gartenhaus, waren durchaus beabsichtigt.

Auffällig und markant: die dreifarbigen Muster des Betons, von den Observatorium-Künstlern als »Tigerbeton« betitelt. Der in Nuancen verschiedenfarbige Beton wurde beim Gießvorgang gerührt, sodass unterschiedliche Strukturen zum Vorschein kamen. Dies soll Bezüge zu den Steinkohleschichten in den Stollen unter Tage aufnehmen, aber auch zu den Strukturen der Betontrichter in Kohlenwäsche und Mischanlage.

Adresse Schacht XII, Kokerei (Außengelände), 45309 Essen | **Wie komme ich hin?** Parkplätze A 1, A 2, C; Straßenbahn 107, Haltestelle Zollverein; Bus 183, Haltestelle Kohlenwäsche; Bus 183, Haltestelle Kokerei | **Öffnungszeiten** täglich 10–18 Uhr, von außen immer zu besichtigen

14 Die Bienenstöcke

Imkerei auf Zollverein

Betritt man das kleine Wäldchen auf dem Zollverein-Areal hinter den Gebäuden der RAG-Stiftung, hat man das Gefühl, in ein Stück Dschungel geraten zu sein. Augenblicklich vergisst man, dass man nur wenige Meter von den Ofenbatterien und den riesigen Schornsteinen der Kokerei entfernt ist. Natur pur, nur Grün. Das Zwitschern der Vögel, das Summen der Bienen.

Vorbei an einem zweirädrigen hölzernen rot-braunen Original-Schäferwagen, der hier fest verankert steht und alle Imker-Utensilien vorhält – hohe Handschuhe, einen breitkrempigen Hut, Schleier und Sicherheitsnetz –, erreicht man linker Hand des in Brombeersträuchern ausgeschnittenen Pfades, unterhalb von dichten Robinien, Birken und anderen Bäumen, die Bienenstöcke mit ihren mehrstöckigen Bienenhäusern, den »Beuten«, und den dazugehörigen Bienenvölkern. Ganz unten lebt die Königin, darüber befindet sich die Brutstation, und in den drei oberen Etagen wird der Honig von vielen tausend Bienen abgelegt. Hier wuselt, summt und brummt es, ein ständiges Starten und Landen.

Der von der Stiftung Zollverein engagierte Imker ist in seinem Element. Er kennt seine Bienen. Mit sicherer Hand greift er in die Zargenkiste, in der die Rähmchen mit den Waben hängen. Da glänzt der von Bienen umlagerte Honig in der Sonne. Und nachdem die vollen Waben im Imkerraum in Haus 3 der einstigen Verwaltungsgebäude am Ende der Kokerei geschleudert wurden, wird der Honig in Gläser abgefüllt, in das Zollverein-eigene »Zechengold« verwandelt.

Eine Biene lebt rund 30 Tage und produziert als Lebensleistung einen Teelöffel Honig. Die Drohnen, die männlichen Exemplare, die den Bienenstock selten verlassen, dienen nur der Vermehrung. Über allem thront die Königin, die bis zu fünf Jahre alt werden kann. Anschaulich hat der Naturschutzbund (NABU) am westlichen Ausgang des Kokereigeländes ein »Bienenhotel« installiert – mit Infos zu Honig- und Wildbienen.

Adresse Imker Olaf Kurschat, Im Welterbe 1, 45141 Essen, Tel. 0157/85763685 |
Wie komme ich hin? Bus 183, Haltestelle Kokerei Zollverein oder Köln-Mindener Straße |
Öffnungszeiten NABU-»Bienenhotel« immer einsehbar, Imkerei nach Vereinbarung

15 Die Blaue Allee

... und die »glühenden« Ofenkammern

Das ist eine Inszenierung der besonderen Art. Die international renommierten und mit zahlreichen Architekturpreisen ausgezeichneten Londoner Lichtarchitekten Jonathan Speirs (1958–2012) und Mark Major (geboren 1961) drückten der Kokerei 1999 ihren künstlerischen Stempel auf: Ihre beeindruckende Lichtskulptur versetzt allabendlich mit Einbruch der Dunkelheit Teile der »schwarzen« und der »weißen« Seite der Stahlkulisse in monochromes Rot und Blau und verwandelt damit die Kokerei in einen magischen Ort, voller Bezüge zu deren einstiger Funktion. Wenn sich dann noch die Lichtbänder im Wasser des mittig angelegten, künstlichen, 600 Meter langen Kanals, des einstigen Druckmaschinengleises entlang der Koksofenbatterie, spiegeln, wird der Transformationsprozess vom ehemals tosenden Industriemonster zum künstlerisch bespielten Ort sinnlich erfassbar.

»Monochromatic Red and Blue« nannten die britischen Lichtdesigner, die weltweit herausragende Bauwerke wie den Barajas Airport in Madrid, den Millennium Dome oder die St. Pauls Cathedral in London illuminierten, ihre Installation. Assoziationen sollten erzeugt werden zu dem, was bis zur Stilllegung der Kokerei 1993 hier Arbeitsalltag war. Auf der »schwarzen Seite« lassen die in Glutrot getauchten Koksöfen die Hitze erspüren, die bei über 1.000 Grad Kohle zu Koks machte und deren zischende Löschung sich durch überraschende Lichtreflexe im Wasserbecken spiegelt.

Die parallel zu den Öfen verlaufende Kokereiallee, die die Grenze zur »weißen Seite« markierte, also dem Bereich der Kokerei, der für die Verarbeitung der bei der Verkokung angefallenen chemischen Nebenprodukte verantwortlich war, wird durch die von den Lichtdesignern markierten blau leuchtenden Laternen zur »Blauen Allee«. Ergänzt wird die Lichtinstallation durch einen Ring von LED-Punkten an den Spitzen der sechs gewaltigen Schornsteine der Kokerei.

Adresse Kokereiallee, 45141 Essen, Tel. 0201/246810, www.zollverein.de | **Wie komme ich hin?** Parkplatz C; Straßenbahn 107, Haltestelle Zollverein; RB 32 und 35, Haltestelle Zollverein Nord; Bus 183, Haltestelle Kokerei | **Öffnungszeiten** immer zugänglich

16 Die Böhm-Kirche

»Heilig Geist« modern

Dieses Bauwerk ist eine Überraschung. Von außen eigenwillig in der Architektur, in der Innengestaltung eine Offenbarung. Nur einen Steinwurf vom Welterbe-Gelände entfernt, auf der anderen Seite der Bergehalde an der Bullmannaue, steht diese ein wenig unscheinbare, 1956 errichtete Kirche des Architekten, Bildhauers und Pritzker-Preisträgers Gottfried Böhm (1920–2021), die für die Bergleute und ihre Familien jahrzehntelang eine »feste Burg« darstellte.

Der von außen wie ein Zelt inszenierte Bau, überwiegend aus Beton und Glas, der ein Dach in der Form eines geschwungenen Tuches trägt und durch einen niedrigeren, quadratischen Einbau das lange Rechteck innen seitlich öffnet, sollte mit seinen 400 Sitzplätzen die zu klein gewordene katholische St.-Josephs-Kirche von 1889 ergänzen. Betritt man durch das Hauptportal, vorbei am mächtigen Grundstein, einem 200 Kilogramm schweren Ruhrsandsteinquader, den lang gestreckten Innenraum von »Heilig Geist«, erfasst einen die ungeheure Raumwirkung unter dem Zeltdach. Der Blick fällt auf den mittig stehenden, mächtigen weißen Marmoraltar und das darüber schwebende, in einen Stahlrahmen eingefasste Kreuz aus Lindenholz des Bildhauers Hans Karl Burgeff (1928–2005).

Die großen, später erneuerten, avantgardistisch gestalteten Fensterflächen des Glaskünstlers Hans-Joachim Klos (1931–2007) mit hellen, fast ein wenig an den Jugendstil angelehnten Elementen unterstreichen eindrucksvoll die moderne Architektur und sind durchgängig stimmig. Hinter dem Altar und oberhalb einer nicht sofort einsehbaren, 1,30 Meter tiefer liegenden »Unterkirche« tut sich die außergewöhnliche Orgel der Firma »Orgelbau Anton Feith« auf, und man scheint einer optischen Täuschung zu unterliegen: Wie in einem eingerahmten Gemälde stehen da die Orgelpfeifen, dreidimensional postiert. Aber alles ist echt. Der Spieltisch befindet sich linker Hand des Altars.

Adresse Heilig-Geist-Kirche, Meybuschhof 9, 45327 Essen, Tel. 0201/4364610, www.st-jupp.de | **Wie komme ich hin?** Straßenbahn 107, Haltestelle Zollverein | **Öffnungszeiten** von außen jederzeit, innen nach Vereinbarung im Küsterbüro unter Tel. 0201/1787239475 oder im Pfarramt unter Tel. 0201/4364610 (Mo 15–17 Uhr, Di–Fr 10–12 Uhr)

17 Der Brost-Pavillon

Feiern in 38 Metern Höhe

Hier oben feiert man wie wahrscheinlich an keinem anderen Ort im Ruhrgebiet: in 38 Metern Höhe, im Erich-Brost-Pavillon, der die ehemalige Kohlenwäsche krönt, das mit 90 Metern Länge, 30 Metern Breite und 40 Metern Höhe größte Über-Tage-Gebäude von Schacht XII. Der Pavillon, ein auf drei Seiten verglaster Bau mit einer weitläufig umlaufenden Freiterrasse, veredelt jede Feier, jedes Bankett, jeden Empfang. Denn der Blick aus dieser Höhe über das Ruhrgebiet, auf den Gasometer Oberhausen oder die Arena auf Schalke, hat es in sich. Und natürlich die Aussicht auf Zollverein selbst, auf das Doppelbockgerüst und die Kokerei mit den gigantischen Schornsteinen.

Die Idee zur Errichtung des Erich-Brost-Pavillons war so meisterlich wie auch vorgegeben. Bereits in den 1970er Jahren wurde das Dach der Kohlenwäsche geöffnet und durch einen mit einem Trapezdach versehenen zusätzlichen Aufbau erhöht. Vom Denkmalschutz wurde dieses »Dachgeschoss« nach Schließung der Zeche 1986 als Provisorium und deshalb als nicht erhaltenswert eingestuft. Der Aufsatz hätte abgerissen werden sollen.

Das war die Chance für die Architekten Heinrich Böll und Hans Krabel, etwas völlig Neues zu schaffen. Die Architekten, die seit 1989 die meisten Bauten auf Zollverein saniert und umgebaut haben, immer unter der Prämisse, die Substanz der alten Stahlskelettbauweise beizubehalten und die Original-Fassaden und das Industrie-Interieur möglichst in das neue Nutzungskonzept zu integrieren, setzten der Kohlenwäsche in 38 Metern Höhe etwas gänzlich Innovatives auf: einen modernen, rund 400 Quadratmeter großen Neubau, einen multifunktionalen Veranstaltungsraum. Namensgeber des Pavillons wurde Erich Brost (1903–1995), eine Essener Institution, politischer Journalist und nach dem Krieg von den Alliierten eingesetzter lizenzierter Verleger der Westdeutschen Allgemeinen Zeitung (WAZ).

Adresse Erich-Brost-Pavillon, Kohlenwäsche, Schacht XII, Fritz-Schupp-Allee 14, 45141 Essen, Tel. 0201/2470442, www.imhoff-essen.de | Wie komme ich hin? Parkplätze A 1, A 2; Straßenbahn 107, Haltestelle Zollverein; Bus 183, Haltestelle Kohlenwäsche | Öffnungszeiten auf Anfrage oder über das Café Kohlenwäsche unter Tel. 0201/2470498 oder Tel. 0151/23335558 (täglich 10–18 Uhr)

18 Das Casino

Dinieren in der Kompressorenhalle von Schacht XII

Ein Casino auf Zollverein? Kein Zufall. Das gab es schon früher. Zu Beginn des letzten Jahrhunderts, unweit des Bahndamms, nahe an Schacht 1/2/8, in der damaligen Ziegelstraße 2, die so hieß, weil hier die »Dampfziegelei Büscher & Cie.« ihren Sitz hatte. Später wurde die Ziegelstraße in Haldenstraße umbenannt. Das hat die »Geschichtswerkstatt Zollverein« recherchiert und auch, dass das bereits ab 1905 bestehende »Kasino Zollverein« der Familie Wendler ein »Gesellschaftshaus« mit einem länglichen Anbau an der Seite war, in dem es vermutlich eine Kegelbahn oder einen Schießstand gab. Jedenfalls wurden, so in einer Anzeige, »Bestgepflegte Biere« und »Bekannt gute Speisen« vorgehalten.

Mit dem Umbau der ehemaligen Kompressorenhalle an Schacht XII, die mit ihren riesigen Druckluft-Kompressoren jahrzehntelang frische Luft in die unterirdischen Gänge des Bergwerks gepumpt und so die Arbeit unter Tage erst möglich gemacht hatte, zog bereits 1996 das neue »Casino Zollverein« auf das Gelände. Ein Restaurant mit gehobener Küche im Essener Norden, im traditionellen Arbeiterviertel. Die untere Etage des mit ihren Backsteinfassaden im Stahlfachwerk komplett renovierten Kompressorenhauses, das im Obergeschoss eine multifunktionale, zwölf Meter hohe Veranstaltungshalle für 1.200 Personen erhielt, wurde zum Restaurantbereich mit Lounge und Bar umgestaltet.

Einer der ursprünglich drei gewaltigen Kompressorenkessel wurde in den sechs Meter hohen, von Betonpfeilern getragenen und mit Rohren, Maschinen und vielen Arbeitsspuren an den Wänden versehenen Raum integriert. Die Industriekulisse wurde geschickt mit modernem Interieur und einer raffinierten Beleuchtung kombiniert. Das »Casino Zollverein« zählt zu den besten Restaurant-Adressen Essens. Industrielle Architektur trifft auf Kochkunst. Und im Sommer ist das Architektur-Ambiente im Biergarten zu genießen.

Adresse Restaurant Casino, Schacht XII, Halle A 9, Gelsenkirchener Straße 181, 45309 Essen, Tel. 0201/830240, www.casino-zollverein.de | **Wie komme ich hin?** Straßenbahn 107, Haltestelle Zollverein; RB 32 und 35, Haltestelle Zollverein Nord | **Öffnungszeiten** Di–Fr 17–22 Uhr, Sa, So 12–22 Uhr

19 Das Castell

Ulrich Rückriems »Grundsteinlegung«

Tritt man hinter der Kohlenwäsche und den alten Gleisanlagen in den jenseits der Fritz-Schupp-Allee gelegenen Industriewald, stößt man schon nach wenigen Metern auf die sich zwischen Schacht XII und Kokerei erstreckende flache Halde und auf eine große Freifläche. Hier wächst nichts, hier ist alles nur und ausschließlich schwarzer Boden. Geröll und Kohleschlamm aus dem Erdinnern. Und mittig in der dunklen Landschaft ein imposantes Kunstwerk: das »Castell« des 1938 in Düsseldorf geborenen Künstlers Ulrich Rückriem, der zu den bedeutendsten zeitgenössischen Bildhauern und Objektkünstlern zählt.

Bereits in den 1990er Jahren mietete der heute in Köln und London arbeitende Ulrich Rückriem mit der Halle 5, der ehemaligen Zentralwerkstatt von Schacht XII, eines der ersten sanierten Gebäude auf Zollverein und machte es für fünf Jahre zu seinem Atelier. 1991 platzierte er, wenige Jahre nach der Stilllegung der Zeche 1986, mit dem »Castell« eines seiner imposantesten Werke auf der Industriebrache und erklärte Zollverein kurzerhand zur Außenstelle der Kasseler documenta 9, zu der er 1992 eingeladen war. Urplötzlich gelangte die stillgelegte Zeche »als Standort für zeitgenössische Kunst« (Hermann Marth) ins öffentliche Bewusstsein, wurde das »Castell« zum Grundstein des zukünftigen Weltkulturerbes. Eine bewusste Entscheidung von Rückriem: Denn damit waren die Pläne der Stadt, die Halde zur städtischen Bauschuttdeponie umzuwidmen, ein für alle Mal vom Tisch.

Das »Castell« besteht aus 24 monumentalen Granitquadern, die maßgeblich die Abbruchspuren des Steinbruchs aufzeigen. Sie wurden von Rückriem als Achsenkreuz platziert, mit einer mittigen rechteckigen Freifläche. Die knapp über zwei Meter hohe und etwa zehn mal zehn Meter große Skulptur ist von allen vier Seiten durch Eingänge begehbar und versteht sich im abgeschirmten Innenraum als ruhige Oase inmitten der Industriebrache.

Adresse Halde Schacht XII (linker Hand der Kohlenwäsche), Gelsenkirchener Straße 181, 45309 Essen | Wie komme ich hin? Parkplatz A 1; Straßenbahn 107, Haltestelle Zollverein | Öffnungszeiten immer zu besichtigen

20 Der Denkmalpfad

Eintauchen in Schacht XII, 1/2/8 und die Kokerei

Zollverein muss man begreifen. Diese außergewöhnliche und in ihrer Komplexität einzigartige Zeche mit dazugehöriger Kokerei ist in ihren Abläufen schwer zu fassen. Umso wichtiger ist es, dass erfahrene ehemalige Bergleute heute in neuen Jobs den Besuchern ihre alten Arbeitsplätze näherbringen und vor allem die raffinierte Technik, die über Tage in weiten Teilen in ihrem Originalzustand erhalten ist, mit neuem Leben erfüllen.

Dazu dienen authentische Schilderungen, aber auch eindrucksvolle Animationen der Arbeitsweise dieser riesigen Anlage, bei denen man die Abläufe und die mit ihnen verbundenen Geräusche und Gerüche geradezu sinnlich wahrnimmt. Erst dann versteht man die Dimensionen der historischen Übertage-Anlagen von Zollverein Schacht XII und die Produktionsabläufe der gigantischen Kokerei, den Weg der Kohle, ihre Aufbereitung und die spektakuläre Umwandlung zu Koks, die Arbeitsbedingungen der Bergleute unter Tage und der Koker an den Öfen. Der Besucher erfährt, was sich hinter den Mauern der einst »verbotenen Stadt« abgespielt hat. Er begegnet den Transportbändern, Förderwagen, Bunkern und Trichtern, den Orten, an denen bis zu 12.000 Tonnen Kohle am Tag gefördert, aufbereitet und zu Koks veredelt wurden.

Der Besucher muss eine Menge Treppen steigen, sich zwischen den Maschinen hindurchzwängen, mitunter den Kopf einziehen. Die Arbeitsprozesse werden transparent und lebhaft. Maschinen beginnen zu fahren, Originalwerkzeuge können in die Hand genommen werden, und wer einmal versucht hat, einen bis zu 14 Kilogramm schweren Original-Abbauhammer, so wie ihn der Kumpel unter Tage täglich acht Stunden bedienen musste, über Kopf zu heben, begreift schlagartig die gnadenlose Schwere dieser Arbeit. Ein Dutzend verschiedener Führungsformate auf der Zeche und in der Kokerei, die tiefe und nachdrückliche Einblicke in die Welt der Kohle geben, hält der Denkmalpfad bereit.

Adresse Besucherzentrum Kohlenwäsche, Schacht XII, Gelsenkirchener Straße 181, 45309 Essen, Tel. 0201/246810, www.zollverein.de | **Wie komme ich hin?** Parkplätze A 1, A 2; Straßenbahn 107, Haltestelle Zollverein; Bus 183, Haltestelle Kohlenwäsche | **Öffnungszeiten** täglich 10–18 Uhr

21 Der »Doppelbock«

Ein Signet von Weltformat

Die einen tragen ihn als Signet am Revers, in mattem Silber, dezent, mit ausgefrästen Förderrädern unter der Dachdeckung, anderen dient er als Briefbeschwerer auf dem Schreibtisch, er ziert Postkarten, Briefmarken und Buchtitel. Ihm wird als Markenzeichen des Weltkulturerbes Zollverein dieselbe Wiedererkennung und Symbolkraft zugeschrieben wie dem Kölner Dom, dem Pariser Eiffelturm oder Big Ben in London. Der »Doppelbock«, dieser gigantische, symmetrische Förderturm der Schachtanlage XII von Zollverein, von dem viele sagen, er stehe breitbeinig da, selbstbewusst, als einstiges »Herzstück der Kohlegewinnung« im Ruhrgebiet. Heute gilt er, weithin sichtbar, als Solitär der Industriekultur und als Wahrzeichen des Bergbaus.

Betritt man den Eingangsbereich der Zeche und nähert sich dem 55 Meter hohen Doppelbock-Fördergerüst, das weit über die mit rot-braunen Ziegeln verkleidete rechteckige Schachthalle mit ihrem senkrecht verlaufenden Fensterband und dem Schriftzug »Zollverein« herausragt, kommt es in seiner Wucht und Anmutung fast kathedralenhaft daher. Es wirkt, über der Zeche thronend, unnahbar, als wollte es den Betrachter »klein und demütig« werden lassen, wie es ein namhafter Architekturkritiker beschrieb.

Stahlstreben, die, sich nach unten verjüngend, in schräg gestellten Betonsockeln verankert sind, tragen den skulptural wirkenden Gerüstkopf mit seinen vier symmetrisch angelegten markanten Seilscheiben, die durch gigantische Fördermaschinen zweier seitlich stehender Gebäude über mächtige Stahlseile betrieben wurden. Rund um die Uhr.

Niemals ist hier ein Bergmann in die Tiefe gefahren, immer nur wurde aus 610 Metern Tiefe die gesamte Kohle aller Grubenfelder der Zeche Zollverein zutage gefördert. Der »Doppelbock« blieb auf Schacht XII immer die einzige sichtbare Maschine in einem vorher nicht gekannten riesigen Maschinenpark.

Adresse Schacht XII, Gelsenkirchener Straße 181, 45309 Essen, Tel. 0201/246810, www.zollverein.de | **Wie komme ich hin?** Parkplatz A 1; Straßenbahn 107, Haltestelle Zollverein; Bus 183, Haltestelle Kohlenwäsche | **Öffnungszeiten** immer zu besichtigen

22 Der Ehrenhof

Vorfahrt für Vornehme

Hier hatte das gemeine Volk nichts verloren. Durchschreitet man die zwei baugleichen historischen Pförtnerhäuser und geht auf das gewaltige Fördergerüst von Schacht XII, den »Doppelbock«, zu, betritt man eine rechteckige Rasenfläche, die eigentlich unspektakulär ist, aber von großer Wirkung im Gesamtensemble. Von den beiden Zollverein-Architekten Fritz Schupp und Martin Kremmer war sie als eine Art Weiheteppich gedacht, auf dem man innezuhalten hatte. Hier schon sollte den Besucher die industriell und maschinentechnisch bis ins Detail durchgeplante Zeche mit dem 55 Meter hohen, erhaben wirkenden Fördergerüst in den Bann ziehen. Repräsentativ und ästhetisch, einer barocken Schlossanlage gleich – obwohl hier auch »nur« Kohle gefördert, gewaschen und aufbereitet wurde. Das Entree einer Zeche, wie es sie zuvor nie gegeben hatte, flankiert von den verschiedenen symmetrisch ausgerichteten Gebäuden in einer Längs- und einer vom sogenannten Ehrenhof abzweigenden Querachse.

Über den Terminus »Ehrenhof« wird spekuliert. Aber keine Frage: Die Intention der Planer und Architekten dieser rechteckigen Rasenfläche mit der dezenten Laternenbeleuchtung – Stahlmasten mit Halbkugeln und Schirm – in einer ansonsten schwarzen Welt lag darin, die Erhabenheit dieser bis ins Kleinste durchtechnisierten Anlage in weitgehend ästhetisch einheitlicher Umhüllung zu präsentieren. Hier schien die Ästhetik wichtiger als die sich dahinter verbergenden Arbeitsprozesse. Und möglichst menschenleer sollte es sein, nur zugänglich für privilegierte Besucher, für Ehrengäste, bei Empfängen und Feiern. Hier sah man nur die Arbeiter und Bergleute, die sich zu Kontroll- und Wartungsarbeiten in den angrenzenden Gebäuden befanden. Die rund 700 Arbeiter der »Tagesanlage«, der Lesebandhalle, der Sieberei oder der Kohlenwäsche, betraten die Zeche von Schacht 1/2/11 kommend auf der Rückseite. Der Ehrenhof war für sie tabu.

Adresse Schacht XII, Gelsenkirchener Straße 181, 45309 Essen, Tel. 0201/246810, www.zollverein.de | Wie komme ich hin? Parkplatz A 1; Straßenbahn 107, Haltestelle Zollverein; Bus 183, Haltestelle Kohlenwäsche | Öffnungszeiten immer zu begehen

23 Die Eisbahn

Pirouetten am Koksofen

Wenn man im Winter vor der abendlichen blau und rot illuminierten Eisbahn entlang der Koksofenbatterie steht, glaubt man, seinen Augen nicht zu trauen. Hier laufen Hunderte Menschen entspannt Schlittschuh, Erwachsene und Kinder, dann wieder wuselt es auf der Eisfläche, Menschen drehen ihre Pirouetten oder sprinten über die 200 Meter lange und 12 Meter breite Eisbahn, die sich über ein Drittel der gesamten Länge der Kokerei von nahezu 600 Metern erstreckt. Andere üben sich auf einem zugefrorenen, 180 Quadratmeter großen Nachbarparcours beim Eisstockschießen. Und an den Wochenenden gibt es bis Mitternacht eine Eisdisco. Eine Winterattraktion der besonderen Art im Weltkulturerbe. »Der wohl faszinierendste Ort zum Schlittschuhlaufen bundesweit«, wie der Reiseführer Marco Polo konstatiert. Und das Magazin »Geo« listet die Zollverein-Bahn gar unter den schönsten Eislaufbahnen Europas (WAZ vom 29.12.2019).

Kein Wunder, in dieser imposanten Industriekulisse: Eis laufen vor den Koksöfen, wo von 1961 bis zur Stilllegung 1993 bei über 1.000 Grad rund um die Uhr Kohle zu Koks gebacken wurde, bis zu 10.000 Tonnen täglich. Hier auf der einstigen Straße der Drückmaschine, wo ein Riesenkoloss den glühend heißen Koks aus den 304 Koksöfen auf die andere Seite der Batterie drückte, zur Löschung, zur Sortierung, zum Transport. Einen stärkeren Kontrast kann man sich kaum vorstellen.

Die Kunsteisbahn mit einer 1.800 Quadratmeter großen Fläche, ausgelegt für täglich bis zu 1.500 Gäste, ist ein ungewöhnliches Wintervergnügen und markiert ansonsten ganzjährig als lang gestrecktes Wasserbassin die »schwarze Seite« der Kokerei. Vom sogenannten Meistergang entlang der Koksofenbatterie, der heute die »Uferpromenade« des Wasserbeckens bildet und von dem aus die Arbeiter die brodelnden Koksöfen im Blick hatten, lässt sich das Treiben auf dem Eis besonders gut beobachten.

Adresse Kokerei, Kokereiallee, 45141 Essen | Wie komme ich hin? Straßenbahn 107, Haltestelle Zollverein; RB 32 und 35, Haltestelle Zollverein Nord; Bus 183, Haltestelle Kokerei Zollverein | Öffnungszeiten Eisbahn Dez.–Jan., Infos siehe www.zollverein.de

24 Die Erinnerungstafel

Zwangsarbeit und Knechtschaft

Es dauerte Jahrzehnte, bis sich der Bergbau des Ruhrgebiets und damit auch Zollverein offiziell einem der dunkelsten Kapitel seiner Geschichte widmete: der Ausbeutung von Kriegsgefangenen und Zwangsarbeitern während der Nazibarbarei und des Zweiten Weltkrieges. »Die dunkle Seite des Bergbaus« überschrieb die Stiftung Zollverein im Juni 2021 ein wissenschaftliches Kolloquium, im Zuge dessen vor der Mischanlage der Kokerei eine Gedenktafel zur Erinnerung an das verheerende Schicksal der Zwangsarbeiter auch auf Zollverein enthüllt wurde, genau da, wo einst drei Barackenlager für bis zu 2.700 überwiegend russische, aber auch französische Kriegsgefangene oder aus ihrer Heimat verschleppte Männer und Frauen standen.

Von Juni 1942 bis April 1945 war Zwangsarbeit wie in nahezu jedem Betrieb des Ruhrgebiets auch auf Zollverein allgegenwärtig. Vor allem sowjetische Kriegsgefangene mussten die an die Front beorderten heimischen Bergleute ersetzen, damit die einst »größte und leistungsstärkste Kohlenzeche der Welt« ihre Produktion unvermindert aufrechterhalten konnte. Bis zu 40 Prozent der auf Zollverein überwiegend unter Tage schuftenden Menschen waren Kriegsgefangene und Zwangsarbeiter – in einem System allgegenwärtiger Repression und Brutalität.

Die »Ostarbeiter«, wie sie genannt wurden, rangierten auf der Leiter der nationalsozialistischen Rassenlehre ganz unten und wurden unter menschenverachtenden Bedingungen massenhaft eingesetzt. Sie waren der Willkür, den Misshandlungen und Schikanen ihrer Vorgesetzten, von Steigern, Wachleuten und Bergarbeitern, wehrlos ausgesetzt, waren ständig unterernährt bei körperlicher Schwerstarbeit und wurden bis zum Tod verschlissen. Den Schwachen wurde die Ernährung entzogen, ihre Rationen wurden an die noch Arbeitstüchtigen verteilt. Halb verhungerte Todeskandidaten mussten zurück in die Kriegsgefangenenlager.

Adresse Kokereiallee 71 (hinter der Mischanlage), 45141 Essen, Tel. 0201/246810, www.zollverein.de | **Wie komme ich hin?** Parkplatz C; Straßenbahn 107, Haltestelle Zollverein; RB 32 und 35, Haltestelle Zollverein Nord; Bus 183, Haltestelle Kokerei | **Öffnungszeiten** immer einzusehen

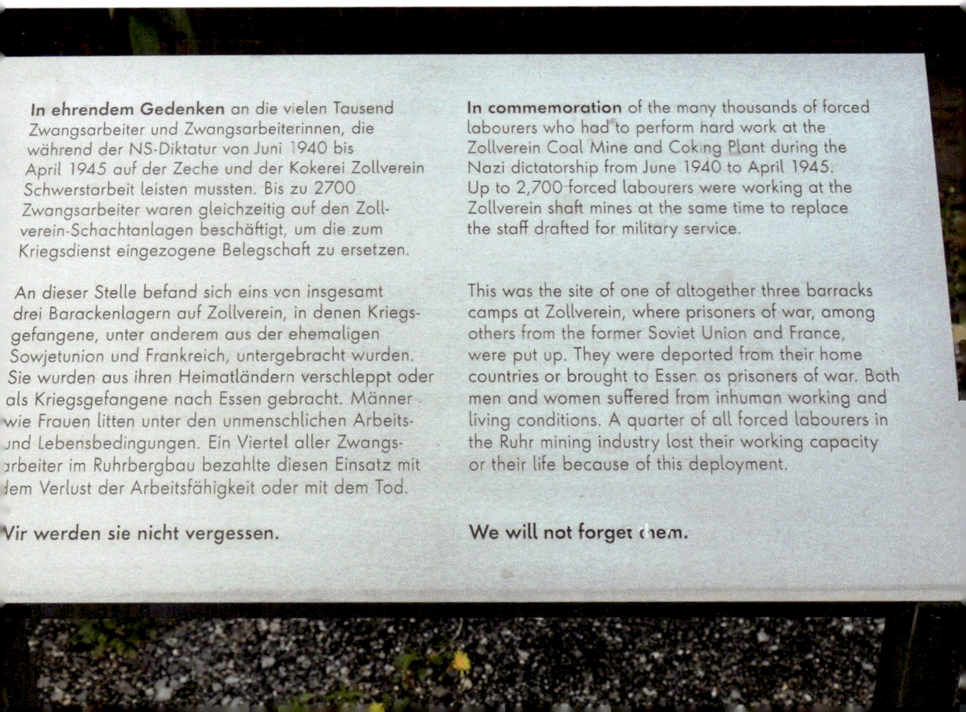

25 Der Färbergarten

Buntes rund ums Zechen-Stellwerk

Das historische Stellwerk auf der Zeche am Gleisboulevard, wo früher unzählige kohlebeladene Güterzüge rangiert wurden, steht heute inmitten eines eigenwilligen Gartens. In kleinen, betonierten Quadraten und Rechtecken wachsen ganz spezielle Pflanzen, von denen nur einige auf Zollverein zu verorten sind. Da begegnet man dem Tüpfel-Johanniskraut, der Saflor (Förderdistel), dem Schwarzen Holunder, der Krapp (Färberröte), dem Echten Alant, der Wilden Malve oder dem Gewöhnlichen Frauenmantel. Das Konzept des Gartens: Pflanzen anbauen, aus denen sich Naturfarben herstellen lassen.

Das Ruhr Museum entwickelte die Idee des Färbergartens gemeinsam mit der in diesem Metier seit vielen Jahren engagierten Essener Netzwerkinitiative »sevengardens«. Das Ziel: die Gewinnung von Naturfarben aus Färberpflanzen, um so »mit dem spielerischen und ästhetischen Zugang über die Farben Einsichten in ökologische Zusammenhänge« zu gewinnen. In den Beeten am Stellwerk wachsen 24 verschiedene Färberpflanzen. Aus den Blüten, Blättern, Früchten und Wurzeln lassen sich in einem Prozedere des Zerstoßens und Pressens Farben gewinnen, so wie es in vielen Kulturen über die Jahrtausende üblich war. Und genau darin besteht der direkte Bezug zur Kohleförderung, denn durch die Entwicklung der Kohlechemie seit Mitte des 19. Jahrhunderts konnten synthetische Farben hergestellt werden. Wie auch auf der »weißen Seite« der Kokerei. Bewusst hat das Ruhr Museum diesen Gedanken aufgenommen, um zu demonstrieren, wie in der vorindustriellen Zeit gefärbt wurde.

Angesprochen werden sollen vor allem Schulklassen und Jugendliche aus der näheren Umgebung. Unter kompetenter Leitung lernen sie in den Räumen der Halle 10, die unterschiedlichsten Farben aus den Blüten, Blättern, Früchten und Wurzeln des Färbergartens zu gewinnen und mit ihnen zu färben und zu malen.

Adresse Färbergarten, Schacht XII, Gelsenkirchener Straße 181, 45309 Essen, Tel. 0201/24681444, www.ruhrmuseum.de | Wie komme ich hin? Parkplätze A 1, A 2; Straßenbahn 107, Haltestelle Zollverein; Bus 183, Haltestelle Kohlenwäsche | Öffnungszeiten Färbergarten immer zu besichtigen, Workshops und Färberkurse über das Ruhr Museum

26 Die Flözlagerung

Das Originalmodell des unterirdischen Gebirges

Die »Zollvereiner« der Geschichtswerkstatt Zollverein hüten ihren Schatz wie ein Juwel, wobei sie immer wieder die Frage in den Raum stellen, ob diese aufwendig gestaltete, überwiegend gläserne Vitrine, die jahrzehntelang in der Direktion der Zeche in der Bullmannaue stand, nicht eigentlich ins Ruhr Museum gehört. Aber eigentlich will auch niemand der ehemaligen Bergleute, die hier ein spannendes Archiv pflegen, ernsthaft auf sie verzichten.

Von oben gesehen schaut man aus Essener und Gelsenkirchener Sicht tief ins Gebirge und erkennt allerhand Wegmarken, die den oberirdischen Standort markieren. Was wie ein Wirrwarr an Strichen und Markierungen mit waage- und senkrechten Abstufungen auf rund einem Dutzend hintereinandergelagerten Glasscheiben erscheint, dürfte in dieser Form einmalig sein: die »Flözlagerung« in der flacheren »Essener Mulde« und dann abfallend in die steilen Flöze im Gelsenkirchener Sattel. Zu sehen sind die unzähligen Flöze, die reichhaltigen, nutzbaren Steinkohlevorkommen im Essener Norden, in Schichten, meist flach gelagert, aber auch Flözgebirge mit steilen Hängen, die Lagerstätten also, wo sich in 300 Millionen Jahren durch ständigen Gebirgsdruck und unter Luftabschluss das Holz der Urwälder chemisch in Steinkohle verwandelt hat. Das Modell, komplett aus bemalten und beschrifteten Glasscheiben, mit raffinierten Schattierungen, bildet im Detail die Welt unter Zollverein ab, bis in eine Tiefe von 1.000 Meter.

Die »Flözlagerung im Grubenfeld des Steinkohlebergwerks Zollverein« ist ein 1937 im Maßstab 1:5.000 entworfenes Meisterwerk des Markscheiders Schmid (so die handgeschriebene Signatur), eines bei Zollverein angestellten Vermessungsingenieurs. Das auf einem Holzsockel stehende Glasmodell führt durch alle Bodenschichten: Mergel, Gasflammkohle, Gaskohle, Fettkohle, Esskohle, Magerkohle und flözleeren Sandstein.

Adresse Geschichtswerkstatt Zeche Zollverein e. V., Schacht XII, Schalthaus / Halle 2, Gelsenkirchener Straße 181, 45309 Essen, Tel. 0151/19029438, www.zollverein-geschichte.de | **Wie komme ich hin?** Straßenbahn 107, Haltestelle Zollverein | **Öffnungszeiten** Do 10–12 Uhr oder nach Vereinbarung

27 Der Folkwang-Campus

Fotografie und Design der Universität der Künste

Als am 26. Oktober 2017 ein Dutzend Studierende die Folkwang-Fanfare auf den Treppen des imposanten Foyers des neuen Gebäudes der Folkwang Universität feierlich erklingen ließen, bedeutete das den Startschuss für bis zu 600 Studentinnen und Studenten, ihr Studium der Fachbereiche Fotografie und Design nunmehr auf dem Campus Welterbe Zollverein zu absolvieren. Das Quartier Nord der Folkwang Universität der Künste, am Rande des ehemaligen Materiallagerplatzes der Zeche gelegen, war ein weiterer Meilenstein in der Öffnung des Industriedenkmals zu einem Zentrum für Kunst, Gestaltung und Wissenschaft.

Die Architektur des 19.000 Quadratmeter umfassenden Gebäudes der Stuttgarter MGF Architekten sollte sich an der geradlinigen, sachlichen Architektur der Bauten von Zollverein orientieren. So erstreckt sich das Quartier, das aus vier ineinander versetzten, unterschiedlich proportionierten Kuben besteht, über die gesamte Länge der den Anlagen von Schacht 1/2/8 vorgelagerten Freifläche. Besonders markant: die silbern glänzende Fassade aus verzinktem Stahlblech. Innerhalb des luftigen, mit rund 1.000 Fenstern versehenen Gebäudes bestechen die Innenhöfe, das Atrium und das modernistische, alle Geschosse überspannende Treppenhaus-Foyer. Neben den Dunkelräumen des Studienganges Fotografie im Kubus 1 sind die übrigen Kuben mit ihren Innenhöfen, Werkstätten, Ateliers und Seminarräumen den Bereichen Kommunikationsdesign, Industrial Design und Kunst- und Designwissenschaft vorbehalten. Von zahlreichen Werkstätten aus haben die zukünftigen Designerinnen und Designer einen exklusiven Blick auf die Industriekulisse der Architektur von Zollverein mit den herausragenden Fördergerüsten von Schacht 1/2/8 und in der Ferne von Schacht XII sowie auf die früheren Kohlelaufbänder. Der neue Campus dürfte auch den an Zollverein angrenzenden Stadtteilen Katernberg, Schoppenberg und Schonnebeck zugutekommen.

Adresse Folkwang Universität der Künste, Quartier Nord – Campus Welterbe Zollverein, Martin-Kremmer-Straße 21, 45327 Essen, Tel. 0201/65051419, www.folkwang-uni.de | **Wie komme ich hin?** Straßenbahn 107, Haltestelle Zollverein Nord oder Zollverein; RB 32 und 35, Haltestelle Zollverein Nord | **Öffnungszeiten** Mo – Fr 7 – 24 Uhr, Sa 9 – 15 Uhr, Foyer jederzeit zu besichtigen

28 Das Fördergerüst

Einfahrt auf Schacht 1/2/8

Die Gründerschachtanlage 1/2/8 von Zollverein mit dem zentralen Fördergerüst blickt auf eine wechselvolle Geschichte mit immer wieder erheblichen baulichen Modernisierungen und Umgestaltungen zurück. Das Bild der 1847 begonnenen, unmittelbar am Dörfchen Katernberg und nur wenige hundert Meter von der im selben Jahr in Betrieb gegangenen Köln-Mindener Eisenbahn gelegenen, noch mühsam mit Schlägel und Eisen abgeteuften Schachtanlage wurde ursprünglich durch zwei massive Malakow-Türme geprägt, die über den Schächten thronten. Dabei diente der quadratische Schacht 1 der Förderung der Kohle, Schacht 2 war als Wetter- und Wasserhaltungsschacht für die Frischluftzufuhr nach unter Tage und das Abpumpen des einströmenden Grubenwassers mittels einer Dampfmaschine zuständig. Auf einer Teufe von 67 Metern wurde zwischen den beiden Schächten eine Verbindungsstrecke geschaffen. Als weiterer Wetterschacht kam schließlich um 1900 Schacht 8 hinzu.

Zu den frühen Übertagebauten gehörten die Waschkaue für bis zu 3.000 Bergmänner (heute PACT), das Maschinenhaus (heute Kunstschacht) und das Fördermaschinenhaus mit seiner nach wie vor zu besichtigenden Originalmaschine sowie der Wagenumlauf. 1904 wurde der Malakow-Turm von Schacht 1 durch ein eisernes Fördergerüst ersetzt, desgleichen 1922 an Schacht 2. Eine 1866 unweit der Zeche errichtete erste Kokerei und eine Kohlenwäsche wurden in den 1950er Jahren abgerissen.

Mit dem Bau der hochmodernen Schachtanlage XII für die gesamte Kohleförderung von Zollverein änderte sich auch die Funktion von Schacht 1/2/8. Die Förderung wurde eingestellt, Schacht 1 diente nur noch der Seilfahrt der Belegschaft nach unter Tage, der Materialversorgung und Wetterführung. Mitte der 1950er Jahre bekam Schacht 1 das heutige Strebengerüst, Schacht 2 erhielt 1967 einen vom Architekten Fritz Schupp entworfenen Förderturm.

Adresse Schacht 1/2/8, Bullmannaue, 45327 Essen | Wie komme ich hin? Parkplatz B; Straßenbahn 107, RB 32 und 35, Haltestelle Zollverein Nord | Öffnungszeiten von außen immer zu besichtigen

29 Die Fördermaschinenhalle

Hier ist alles so wie früher

Als Ende der 1950er Jahre die Schachtanlage 1/2/8 für eine Übergangszeit wieder für die Kohleförderung genutzt werden sollte, nachdem sie knapp 30 Jahre lang überwiegend der Seilfahrt der Bergleute nach Untertage gedient hatte – die Schachtanlage XII wurde modernisiert und musste ihre tägliche Förderung drosseln –, wurde auch das Fördermaschinenhaus umgerüstet. Die alte, 1922 installierte dampfgetriebene Fördermaschine von Schacht 1, dem Gründerschacht der Zeche Zollverein, die einen maschinellen Hochleistungsbetrieb der Kohleförderung erst möglich gemacht hatte, wurde im Zuge eines aufwendigen Umbaus der gesamten Schachtanlage zur Steigerung der Produktion durch eine elektrische Fördermaschine ersetzt. Das aber war mit erheblichem Aufwand und einem teilweisen Umbau des Fördermaschinenhauses verbunden, das um ein Gebäude für einen sogenannten Umformer ergänzt wurde. All das ist heute im Zuge des Denkmalpfades Zollverein im Originalzustand zu besichtigen und katapultiert den Besucher auf eine maschinentechnische Zeitreise.

Die riesige, ursprünglich 1903 erbaute Halle, ein auf Schacht 1 hin ausgerichteter Backsteinbau mit großen Rundbogenfenstern und einem mit Stahlstreben versehenen tonnenförmigen Dach, wird dominiert von der Fördermaschine der Firma Siemens mit ihrer riesigen Treibscheibe, den Motoren und dem aufliegenden, zum Schacht hin in der Wand verschwindenden dicken Stahlseil. Davor eine Führerkabine mit Schaltpult und Kontrolltafeln, von der aus der Maschinenführer die reibungslosen Seilfahrten für die Bergleute und die Kohleförderung an vier langen Hebeln koordinierte. Nahezu alles ist wie früher, die rauen Wände, der bröckelnde Putz, das alte Emailschild mit den Uhrzeiten der Seilfahrten zu den einzelnen Sohlen im Fünf-Minuten-Takt. Und dazu gibt es noch ein originalgetreues, geschäftiges Treiben simulierendes Modell der gesamten Schachtanlage 1/2/8.

Adresse Schacht 1/2/8, Fördermaschinenhalle, Bullmannaue, 45327 Essen, Tel. 0201/246810, www.zollverein.de | Wie komme ich hin? Parkplatz B; Straßenbahn 107, RB 32 und 35, Haltestelle Zollverein Nord | Öffnungszeiten von außen immer zu besichtigen, innen im Rahmen des Denkmalpfades

30 Das Fotoarchiv

Das bildliche Gedächtnis des Ruhrgebiets

Betritt man den im Verwaltungsbau des Ruhr Museums hinter einer Stahltür liegenden lang gestreckten, fensterlosen, stets auf vier Grad heruntergekühlten Raum mit seinen Dutzenden variabel zu bewegenden weißen Stahlschränken, befindet man sich im bildlichen Gedächtnis der einstmals bedeutendsten Industrieregion Europas. Hier im Fotoarchiv des Ruhr Museums schlummern einzigartige Blicke auf das Leben und die Arbeit der Menschen im Ruhrgebiet. Fotografien, die viel mehr zeigen, als sich beschreiben lässt, unverfälschte Zeitdokumente von unschätzbarem Wert. Aus einer Zeit, die gar nicht so lange her ist und dennoch, gefühlt, eine Ewigkeit zurückliegt.

Die 1889 initiierte Fotografische Sammlung des Ruhr Museums ist mit ihrem inzwischen auf rund vier Millionen Fotografien angewachsenen Archiv, darunter überwiegend Negative, aber auch Zehntausende Abzüge und Dias, die umfassendste ihrer Art. In den Stahlschränken liegen, katalogisiert, nummeriert und zu großen Teilen inzwischen digitalisiert, Nachlässe und komplette Sammlungen der wichtigsten Fotografen und Bildjournalisten der Region seit Mitte des 19. Jahrhunderts. Ein Schwerpunkt der Sammlung: die 1950er bis 1970er Jahre. Bis heute wird die Sammlung ständig erweitert und aktualisiert.

Zu den wesentlichen Fotografen des Archivs zählen Erich Grisar, Peter Kleu, Albert Renger-Patzsch, Josef Stoffels und Anton Tripp, deren Werke auch schon in Sonderausstellungen des Ruhr Museums zu sehen waren. Die historischen und zeitgenössischen Fotografien des Archivs bilden das Leben und Arbeiten im Ruhrgebiet in nahezu allen Spielarten ab: die Industriearchitektur der Zechen, Kokereien und Stahlwerke, die Zechensiedlungen, die Bergleute und ihre Familien, deren Alltag, Hobbys und Vorlieben, den Fußball, die Tauben, die Feste. Und den Strukturwandel des Ruhrgebiets in allen Facetten.

Adresse Stiftung Ruhr Museum, Fotografische Sammlung, Fritz-Schupp-Allee 15, 45141 Essen, Tel. 0201/24681400, www.ruhrmuseum.de | Wie komme ich hin? Parkplatz A 2; Straßenbahn 107, Haltestelle Zollverein; Bus 183, Haltestelle Kohlenwäsche | Öffnungszeiten auf Anfrage; jederzeit einsehbar in der Bilddatenbank www.fotoarchiv-ruhrmuseum.de oder bpk-bildagentur.de

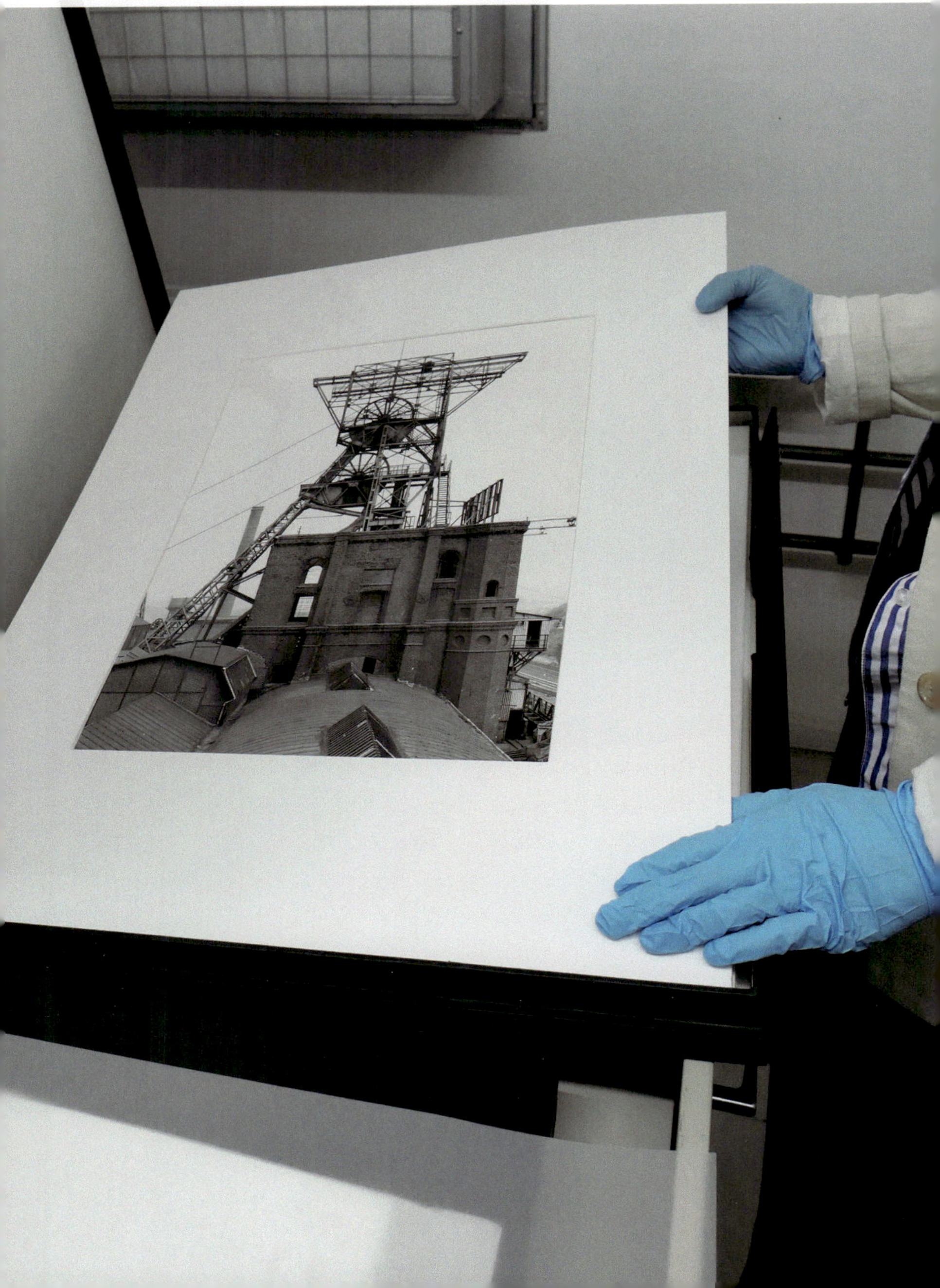

31 Die Gangway

Die längste frei stehende Rolltreppe Europas

Die Fahrt ist ein Erlebnis. 90 Sekunden dauert der Trip durch eine der beiden transparenten Röhren mit ihren orange illuminierten Lichtbändern, 58 Meter lang und steil nach oben führend. Die Blicke nach unten und zur Seite sind spektakulär. Die Zechengebäude bleiben unter einem zurück, der Doppelförderturm begibt sich auf Augenhöhe. Die Fahrt auf dieser längsten frei stehenden Rolltreppe Europas, der »Gangway«, endet auf der sogenannten 24-Meter-Ebene und bildet das atemberaubende Entree des Besucherzentrums von Zollverein, das sich als »Portal des Ruhrgebiets« versteht und alles vorhält: Ticketschalter, Toureninfos, Schautafeln, Buchhandlung und Souvenirshop, ein Café – inmitten gewaltiger Originalmaschinen der einstigen Kohlenwäsche. Vor allem aber ist die Hochfahrt auf der Gangway auch der Beginn des Parcours durch das 2008 eröffnete Ruhr Museum mit seinem natur- und kulturhistorischen Blick auf das Ruhrgebiet von der vorindustriellen Zeit bis in die Gegenwart.

Die meisterliche Idee der Architekten: Die Besucher sollen das Ruhr Museum auf dem Weg ergehen und erleben, den einst die Kohle nahm. Zuerst auf der Gangway, einer dieser riesigen Bandbrücken gleich, mit der die Kohle hoch in die Kohlenwäsche transportiert wurde, um dann in einer der denkbar komplexesten Maschinenhallen über verschiedene Stockwerke getrennt, gereinigt und nach Größe sortiert zu werden. Aufbereitet für den Abtransport der unterhalb der untersten Etage rangierenden Güterzüge.

Farbgebung und Anmutung der Gangway finden sich auch im Innern des Ruhr Museums wieder, in einem ebenfalls orange illuminierten Treppenhaus, das die unterschiedlichen Ausstellungsebenen durchläuft und miteinander verbindet, bevor man per Aufzug erneut nach oben fährt, um das Ruhr Museum, also die alte Kohlenwäsche, wieder auf der Gangway nach unten zu verlassen. Man kann natürlich auch die Treppe zwischen den Gangways mit ihren 136 Stufen wählen.

Adresse Kohlenwäsche, Schacht XII, Gelsenkirchener Straße 181, 45309 Essen, Tel. 0201/246810, www.zollverein.de | **Wie komme ich hin?** Parkplätze A 1, A 2; Straßenbahn 107, Haltestelle Zollverein; Bus 183, Haltestelle Kohlenwäsche | **Öffnungszeiten** täglich 10–18 Uhr

32 Die Gasbodenfackel

Die Flamme der Vergangenheit

Man kann sich dem mächtigen silbernen Zylinder mit der markanten Außentreppe, der in seinem unteren Fünftel von einem engen Kranz filigraner Rohrleitungen umrundet wird, nicht vollends nähern, und betreten darf man ihn schon gar nicht. Aber die Gasbodenfackel der Kokerei unweit der Kühltürme und des Gasometers entfaltet auch so ihre Wirkung. Ihre Verwendung für die Zukunft ist noch ungeklärt.

Hier brannte das ewige Licht der »weißen Seite« der Kokerei. Die Garantie für den immerwährenden Gasfluss als Nebenprodukt der Verbrennung von Kohle in Koks, den Grundstoff für die Produktion chemischer Stoffe, der sich auf Zollverein zu einem gewaltigen Industriezweig entwickelt hatte. Über die Hälfte des in der Kokerei anfallenden Gases wurde als Stadtgas ins öffentliche Netz eingespeist. Nicht selten kam es dabei zu Störungen durch einen Überhang an Gas. Die Gasbodenfackel war daher auch Garant dafür, dass ein Zuviel an überflüssigem Deponiegas stets und gezielt abgefackelt, also rauchfrei verbrannt und entsorgt werden konnte. Nicht zuletzt um damit explosionsfähige Gasgemische zu eliminieren und die Reduktion klimaschädlichen Methans zu gewährleisten. Das war zum einen wichtig, um die die Kokerei umgebenden Wohngebiete zu schützen, zum anderen vermied man dadurch einen ständig hell leuchtenden Feuerschein.

Die 1959 durch den damaligen Frankfurter Anlagenbauer Lurgi, einen Spezialisten petrochemischer Einrichtungen, errichtete Gasbodenfackel ist ein auf Stahlstützen stehender, in Betonfundamenten verankerter, 18 Meter hoher Stahlblechzylinder mit einem Durchmesser von 17 Metern. Der als Solitär auf der Chemieseite der Kokerei thronende, silbern schimmernde Riesenbehälter ist von einem filigranen rotbraunen Rohrleitungsnetz umgeben, das von zahlreichen zentralen, über das gesamte Gelände verlaufenden, unterschiedlich großen Leitungen und Verbindungen gespeist wurde.

Adresse Kokerei, Arendahls Wiese, 45141 Essen | Wie komme ich hin? Parkplatz C; Straßenbahn 107, Haltestelle Zollverein; Bus 183, Haltestelle Kokerei | Öffnungszeiten immer zu besichtigen

33 Die Gasfeinreinigung

»Sauberes« Gas für den Verkauf

In der Heinrich-Imig-Straße stößt man auf der »weißen Seite« der Kokerei linker Hand im Anschluss an die Kammgebäude auf zwei Industriekomplexe, die auf den ersten Blick aussehen wie unzugängliche Ruinen, versehen mit einem Sammelsurium an Rohrleitungen, Filtern und Stahlgerüstaufsätzen. Beiden Gebäuden kam aber eine entscheidende Aufgabe bei der Gewinnung von vermarktungsfähigem Gas zu, was zu einem lukrativen Industriezweig wurde. Es handelt sich hierbei um die HD-Anlage (Hochdruckgasbehandlung) und die sich daran anschließende Gasfeinreinigung. Heute sind die Erdgeschosse der in Stahlskelettbauweise errichteten Gebäude nur im Rahmen von Fotoführungen des Denkmalpfades zu betreten. Die Obergeschosse sind tabu.

Das bei der Verbrennung von Kohle zu Koks angefallene Kokerei-Gas, das für den Weiterverkauf bestimmt war, wurde in einer aufwendigen Prozedur von allen Zusatzstoffen wie Teer und Ammoniak befreit und durch Gasverdichter der HD-Anlage zugeleitet. Anschließend wurde das Gas mit Pottasche-Lauge beziehungsweise Kaliumkarbonat behandelt und in weiteren chemischen Prozessen vollständig gereinigt, auf Stadtgasqualität gebracht und durch die Ruhrgas AG ins öffentliche Netz eingespeist. Andere Teile des Kokerei-Gases gingen nach der Reinigung zur Befeuerung der Kokskohleöfen zurück auf die »schwarze Seite«.

In der HD-Anlage sind die Pumpenräume mit den durch Schwungräder angetriebenen Vakuumpumpen sowie die Mess- und Regelwarte besonders sehenswert. In einem weiteren Raum stehen Fragmente von Kältemaschinen, die dem Gas das Benzol entzogen. Die Gasfeinreinigung wartet im Innern mit imposanten, hoch aufragenden Reinigungstürmen aus Stahlblech auf. Aber auch von außen sind die Stahlbetonbauten sehenswert: die riesigen, silbern glänzenden Stahlblechzylinder der Pottasche-Abtreiber und die sich am Ende des Gebäudes auftuende Benzoldestillation.

Adresse Kokerei, H2S-Feinreinigung, Heinrich-Imig-Straße, 45141 Essen | Wie komme ich hin? Parkplatz C; Straßenbahn 107, Haltestelle Zollverein; Bus 183, Haltestelle Kokerei Zollverein | Öffnungszeiten von außen immer einsehbar

34 Der Gasometer

Der zweckentfremdete Riesentank

Der Gasometer der Kokerei Zollverein reicht natürlich nicht annähernd an den imposanten Gasometer Oberhausen auf dem ehemaligen Gelände der Gutehoffnungshütte am Rhein-Herne-Kanal heran, der, 1927 erbaut, mit knapp 120 Metern Höhe und einem Durchmesser von fast 70 Metern das größte Exemplar dieser Art in Europa ist und zu einer unverwechselbaren Landmarke und Ausstellungs-Location wurde. Der Gasometer Oberhausen konnte wie die Kokerei auf Zollverein erst in letzter Minute von den Initiatoren der IBA Emscherpark vor dem Abriss gerettet werden.

Auch der »kleine Bruder« auf Zollverein soll zu einem Veranstaltungsraum werden, wenngleich grundlegende Eingriffe in die Bausubstanz aus Gründen des Denkmalschutzes untersagt sind. Aber immer wieder wird der Stahlzylinder für Veranstaltungen angemietet, wurde schon mit 1.800 Tonnen Sand zu einem Beach umfunktioniert oder für Firmenevents genutzt. Ursprünglich diente der von einer Metallschicht ummantelte Gasometer als Behältnis zur Speicherung von Gasen, die bei der Koksherstellung reichlich entstanden und nicht komplett abgefackelt werden sollten. Man wollte Gas auf Vorrat lagern, um es jederzeit zur Verfügung zu haben.

Nähert man sich dem auf einer riesigen Betonplatte mit Doppelstahlträgern gebauten braunroten Gasometer, der etwas abseits auf dem großen Areal der »weißen Seite« der Kokerei liegt, fällt als Erstes die riesige runde Füllstandanzeige auf, die am Stahlgitter über dem oberen Rand des eigentlichen Gasbehälters hängt. Ebenso imposant: die geschachtelte Außentreppe, über die die Arbeiter auf das mit einer Einstiegsluke versehene Dach klettern konnten, um so ins Innere des Gasometers zu gelangen. Auf die auf dem Gas schwimmende, zur metallenen Außenwand hin abgedichtete und mit Gewichten beschwerte Scheibe. Sie drückte das eingelassene Gas nach unten und sorgte so für einen konstanten Druck.

Adresse Kokerei, Arendahls Wiese, 45141 Essen | Wie komme ich hin? Parkplatz C; Straßenbahn 107, Haltestelle Zollverein; Bus 183, Haltestelle Kokerei | Öffnungszeiten immer zu besichtigen

35 Der Gedenkstein

Die vielen Toten nach der Grubenexplosion

Wenn man den Friedhof vom Parkplatz am Haupteingang betritt, nach rechts parallel zur Hallostraße durch die Gräberfelder in Richtung der Erhöhung geht, dann am kleinen, in den Boden eingelassenen Rondell in die imposante Allee nach links einbiegt, da, wo der historische Grabstein der Bauernfamilie Droste steht, der einst das ganze Gelände hier gehörte, stößt man nach etwa 100 Metern auf einen beeindruckenden Gedenkstein. Und der erinnert an das verheerende Grubenunglück auf der Schachtanlage Zollverein 6/9, die sich hier zwischen der Straße Im Natt, der Gelsenkirchener Straße und der Hallostraße unmittelbar am Friedhof befand und heute von Siedlungen überbaut ist.

Eine verheerende Schlagwetterexplosion riss am 26. Februar 1941 29 Bergleute in den Tod, unter ihnen auch zahlreiche französische Zwangsarbeiter, wie es die in die Rasenfläche vor dem Gedenkstein eingelassenen Steinplatten für die Toten bekunden. Der Gedenkstein, leicht erhöht über drei Stufen und eingerahmt von einer Steinmauer und einer dichten Rhododendronhecke, zeigt einen Bergarbeiter mit einer Grubenlampe, der von einem geflügelten Engel in Empfang genommen wird. Auf dem Stein, der des größten Grubenunglücks auf Zollverein gedenkt, steht: »Bruder deine Hand – hier meine – unseren Kameraden – die am 26. Februar 1941 – ihr Leben ließen – auf Zollverein 6/9«.

Der Friedhof am Hallo wartet mit einem weiteren sehenswerten Gedenkstein auf. Überquert man den Hügel in Richtung des südlichen Ausgangs, stößt man auf den »Stein der Republik«, den die Stadt Essen 1988 wieder hier platziert hat. Denn die Nationalsozialisten hatten diesen 1929 vom SPD-nahen Reichsbanner Schwarz-Rot-Gold aufgestellten Stein, der an die in der Weimarer Republik ermordeten Politiker Walther Rathenau und Matthias Erzberger sowie an den Reichspräsidenten Friedrich Ebert im Relief erinnert, gewaltsam entfernen lassen.

Adresse Friedhof am Hallo, Hallostraße 120, 45309 Essen, Tel. 0201/211382 | **Wie komme ich hin?** Parkplatz Hallostraße 120; Bus 183, Haltestelle Im Natt oder Hallo Friedhof; Bus 154, 155, 170, Haltestelle Bonifaciusstraße | **Öffnungszeiten** rund um die Uhr

36 Das Gemälde

»Unter Tage« in der Geschichtswerkstatt

1980, als die Kohleproduktion auf Zollverein noch auf vollen Touren lief, erhielt der Betriebsschreiber und Sekretär des Betriebsführers Claus Beermann von der Leitung den Auftrag, ein großes, möglichst repräsentatives Bild zu malen. Denn Claus Beermann war Hobbymaler und auf Zollverein eine Nummer. Beermann, der in seiner Funktion auch als Pförtner agierte, gleich am Eingang zu Schacht XII an der Pforte rechts, und damit auch für die Begrüßung und die Betreuung der Gäste auf Zollverein zuständig war, machte sich ans Werk. Ein Motiv von unter Tage sollte es sein. Beermann hatte nie selbst als Bergmann im Schacht gearbeitet, kannte aber die Arbeitsatmosphäre seiner Kumpel in 600 Metern Tiefe vom Erzählen.

Geplant war das Gemälde für die Direktionskaue des Elektro-Obersteigers und Werkstattleiters in Halle 6. Es sollte ins Treppenhaus des Erdgeschosses. Beermann malte sein Bild in Öl, auf eine riesige, drei mal vier Meter große Tischlerplatte, die schließlich fest an der Wand, rechter Hand des Eingangs, montiert wurde. Sein Motiv: eine Szene unter Tage, Bergleute, fast lebensgroß, alles schwarz, anthrazit und grau, wie es im Stollen eben aussieht, mit dem mächtigen Kohlenhobel beim Stollenausbau. Nur die Schutzhelme der Kumpel leuchten gelb.

Wie so vieles nach der Schließung der Zeche Zollverein stand auch das Gemälde zur Disposition. Keine große Kunst, hieß es, das Bild könne weg. Doch als das meiste auf der Zeche plötzlich nichts mehr wert war und vieles auf Schrottplätzen landete, rettete die Bauhütte das Gemälde vor der Zerstörung, als Zeitdokument, in dieser Form wahrscheinlich einmalig. Die alten Kumpel der Geschichtswerkstatt nahmen sich seiner an. Um es allerdings durch die Tür und an seinen neuen Standort an der Stirnseite des Archiv- und Tagungsraums der Altvorderen zu bekommen, musste es der Übergröße wegen erst beschnitten werden.

Adresse Geschichtswerkstatt Zeche Zollverein e. V., Schacht XII, Schalthaus, Halle 2, Gelsenkirchener Straße 181, 45309 Essen, Tel. 0151/19029438, www.zollverein-geschichte.de | Wie komme ich hin? Straßenbahn 107, Haltestelle Zollverein | Öffnungszeiten Do 10–12 Uhr oder nach Vereinbarung

37 Die Geschichtswerkstatt

Das Gedächtnis der Zeche im Schalthaus

Jeden Donnerstag treffen sie sich, und am Bergbau interessierte Gäste sind willkommen. Im historischen Schalthaus gleich hinter dem Eingang an der Gelsenkirchener Straße, unterhalb des »Doppelbocks«, sitzt das Gedächtnis der Zeche, pflegen zwei Dutzend ehemalige »Zollvereiner« und Interessierte ihre Geschichtswerkstatt. Ein wenig kunterbunt wirkt der Raum mit den zahlreichen Regalreihen, dem langen Konferenztisch und dem überdimensionierten Gemälde von unter Tage an der Stirnseite linker Hand des Waschbeckens schon. Dazu die vielen Bergbau-Utensilien, die an den Wänden hängen oder auf Anrichten schlummern: historische Karten und Pläne, gerahmte Bilder, Stiche, Original-Förderseile unterschiedlicher Stärke wie auch das von Schacht XII, ein Modell des Wagenumlaufs, Stücke von Fett- und Magerkohle sowie der edelsten und wertvollsten Kohle, des Edel-Anthrazits.

Die Geschichtswerkstatt hat sich 1996 konstituiert. Ihr immer wieder postuliertes Ziel: die stete Erinnerung an das einst größte Steinkohlebergwerk der Welt. Dabei haben die meisten Mitglieder des Vereins die Zeche noch aktiv erlebt, auf ihr gearbeitet. Als Bergleute, Ingenieure, in der Verwaltung. Gemeinsam betreiben sie das Archiv, ehrenamtlich, versteht sich, und hüten einen großen Schatz an historischen Fotos, Büchern, alten Karten des Bergwerks, die sie vor dem Verschwinden gerettet haben. Und Erinnerungsstücke wie die »Flözlagerung«, diese handgestaltete Vitrine des Flözgebirges unterhalb des riesigen Zechenareals, die jahrzehntelang in der Bergwerks-Direktion in der Bullmannaue stand. Die Mitglieder des Vereins kämpfen stetig um den Erhalt des historischen Maschinenparks der Zeche.

Die Geschichtswerkstatt, die unabhängig von der Stiftung Zollverein agiert, verfügt über 350 Meter Akten, 800 Bücher, 13.000 Fotos, 1.000 Pläne und Risse. Alles sortiert in Ordnern und Pappschachteln, digitalisiert ist noch so gut wie nichts.

Adresse Geschichtswerkstatt Zeche Zollverein e. V., Schalthaus, Halle 2, Gelsenkirchener Straße 181, 45309 Essen, Tel. 0151/19029438, www.zollverein-geschichte.de | **Wie komme ich hin?** Straßenbahn 107, Haltestelle Zollverein | **Öffnungszeiten** Do 10–12 Uhr oder nach Vereinbarung

38 Der Gleisboulevard

Hier rangierten einst die Güterzüge

Die Grundidee, die Rem Koolhaas zur Neugestaltung von Zollverein bereits 1996 konzipiert hatte, das vielgliedrige Netz an Gleisanlagen, das einst dem Verladen und Abtransport der geförderten, gewaschenen und klassierten Kohle galt, beizubehalten und zu einem integralen Bestandteil des gesamten Industriedenkmals Zollverein zu machen, wurde ab 2002 schließlich durch die Pläne zur Außengestaltung des Zollverein-Areals der Karlsruher Agence Ter weiterentwickelt und ab 2005 unter Federführung der Planergruppe Oberhausen umgesetzt. Mit einem Leitsystem, Besucherpavillons, einer Parkallee, Aussichtsplattformen, Picknickplätzen, der Ringpromenade.

Zentraler Bestandteil des gesamten Geländes wurde ein Gleisboulevard zum Flanieren und Verweilen. War doch die gesamte Gleisharfe, die unter den auf Stahlträgern stehenden Gebäuden von Schacht XII hindurchführte und sich dann mit bis zu 14 nebeneinander verlaufenden Gleisen breit auffächerte, wenige Jahre nach der Stilllegung 1986 unter einem Wald aus Birken, Robinien und Weiden verschwunden.

Die Landschaftsarchitekten der 1973 gegründeten Planergruppe Oberhausen, die 2016 für ihre Konzeption und Gestaltung des Zollverein Parks den »European Award for Ecological Gardening« für nachhaltige und innovative Gartenprojekte erhielten, bauten die Bahngleise der Zeche zu Fuß- und Radwegen aus, ohne sie ihres eigentlichen Charakters zu berauben. Die Stränge der teilweise geschwungenen Gleisharfe wurden in der Oberfläche dem Schotterbett angepasst, also nie zu Stolperfallen. Teilweise sind ihre Zwischenbohlen noch erhalten.

Das mit gezielter Vegetation und einigen Kunstwerken versehene und immer wieder von Plätzen und Ruheorten unterbrochene Gleisbett führt über das gesamte Zechenareal, vorbei an Schacht 1/2/8 bis zur »schwarzen Seite« der Kokerei, wo die Gleise Anfang der 2000er Jahre jedoch nahezu komplett entfernt wurden.

Adresse Gleisharfe, zwischen Schacht XII und Schacht 1/2/8, Gelsenkirchener Straße 181, 45309 Essen | Wie komme ich hin? Parkplätze A 1, A 2; Straßenbahn 107, Haltestelle Zollverein | Öffnungszeiten immer zu begehen

39_Die Grand Hall

»Bühne frei« in der Sauger- und Kompressorenhalle

Die Grand Hall Zollverein ist eines der Prunkstücke des Areals nach der Umwidmung zahlreicher historischer Gebäude in Event-Locations. Ob Kongresse, Roadshows, Ausstellungen, Messen, Konzerte, Galas oder Performances, auf drei Ebenen bietet diese 2014 eröffnete, komplett umgestaltete und mit moderner Technik ausgestattete Location in der ehemaligen Sauger- und Kompressorenhalle der Kokerei die vielleicht perfekteste Veranstaltungshalle im Ruhrgebiet.

Private Investoren funktionierten in enger Abstimmung mit der Stiftung Zollverein die riesige, unter Denkmalschutz stehende und damit zum unverrückbaren Bestand von Zollverein gehörende Halle auf der »weißen Seite« der Kokerei, zu der auch noch das sich anschließende Schalthaus gehört, zur »Convention Hall« um, wie sie anfänglich genannt wurde. Die aus Backstein und Stahlbeton bestehenden Gebäude wurden mit moderner Technik versehen und innen behutsam umgestaltet, wobei ein Teil der einstigen Sauger und Kompressoren noch an ihren angestammten Plätzen steht. Und dieses Industrie-Interieur sorgt innerhalb der zahlreichen Räumlichkeiten für die besondere Kulisse. Dazu gibt es zehn Nebenräume für diverse Workshops.

Großereignisse der Grand Hall finden im sieben Meter hohen und mit 2.000 Quadratmetern größten Raum im Obergeschoss statt. Hier gehen Konzerte und Tanztheater über die Bühne, Firmenpräsentationen und Jahreshauptversammlungen großer Konzerne. Auch die festliche Eröffnung der Ausstellung »Das Zeitalter der Kohle. Eine europäische Geschichte« fand hier vor großem Publikum statt. Die Grand Hall bietet auf dieser Fläche Sitzplätze für 1.500 Menschen oder bei Bedarf 2.700 Stehplätze. Im Untergeschoss mit Foyer und Bühne finden 900 Menschen Platz, dazu gibt es einen Club-, Bar- und Loungebereich. Und, wenn gewünscht, lässt sich aus der von Tageslicht durchfluteten Location kurzerhand ein komplett verdunkelter Raum machen.

Adresse Grand Hall Zollverein, Kokerei, Kokereiallee 9–11, 45141 Essen, Tel. 0201/2789660, www.grand-hall.de | Wie komme ich hin? Parkplätze vorhanden; Straßenbahn 107, Haltestelle Zollverein; RB 32 und 35, Haltestelle Zollverein Nord; Bus 183, Haltestelle Kokerei | Öffnungszeiten von außen immer einsehbar, innen nach Vereinbarung oder bei Veranstaltungen

40 Das Grubenheldenzimmer

Übernachten im Auge des Welterbes

Auf der einen Seite blickt man auf das Fördergerüst von Schacht 1/2/8, gegenüber liegt am Ende des weitflächigen, zur Bebauung freigegebenen früheren Materiallagerplatzes, das 2018 eröffnete »Quartier Nord« der Folkwang Universität der Künste. Drei Etagen hat das lang gestreckte, 2019 eröffnete Hotel »friends« auf Zollverein, das in seiner klaren und schnörkellosen Bauweise in rotem Ziegel an die sachlich strukturierte Architektur von Fritz Schupp und Martin Kremmer der Schachtanlage XII angelehnt ist. So hatte es die Stiftung Zollverein vorgegeben und nach einer internationalen Ausschreibung der Hotelgruppe »friends« übertragen. Das Originelle: Der Rohbau des Hotels wurde in nur zehn Tagen errichtet, in Modulbauweise, wobei quasi jedes Zimmer ein fertiger Container war und vor Ort zusammengesetzt wurde.

67 individuell gestaltete Zimmer bietet das vom Kölner Architekturbüro Kaspar Kraemer Architekten geplante, sich als Designerhotel definierende Haus, unterteilt in Themenfelder, die auch den Strukturwandel der Zeche Zollverein aufzeigen sollen. Von unter Tage zur Moderne.

Dabei kreisen die Einrichtungen der Zimmer immer um die Themen Zollverein und Bergbau. Die »Kumpelzimmer« im untersten Stockwerk sind individuelle Patenschaften mit ehemaligen Bergmännern eingegangen, deren großformatige Porträtfotos zeigen sie im Streb und halten Originalutensilien vor: Helme, Arbeitshandschuhe, Grubenlampe, »Glückauf«-Wandteller, Schnupftabak-Fläschchen. Im zweiten Stock liegen die »Grubenheldenzimmer«, modern illuminiert, aber in der Farbgebung immer einen Bezug zur Kohle assoziierend. Im dritten Stock: moderne, technisch überzeichnete Zimmer, die das Thema Zukunft auf Zollverein repräsentieren. Und die rund um die Uhr nicht nur für Hotelgäste geöffnete Lounge bietet reichlich originales Interieur der Zechenwelt des Ruhrgebiets.

Adresse Hotel friends, Martin-Kremmer-Straße 1, 45327 Essen, Tel. 0201/7470430, www.hotelfriends.de | **Wie komme ich hin?** Parkplatz am Hotel; Straßenbahn 107, Haltestelle Zollverein oder Abzweig Katernberg; RB 32 und 35, Haltestelle Zollverein Nord | **Öffnungszeiten** Lounge jederzeit besuchbar

41 Die Grubenpferde

Ein Dauerleben unter Tage

Den Bergleuten ging es mitunter nicht viel besser als den Grubenpferden, die im Ruhrbergbau ab 1840 eingesetzt wurden. Konnte bis dahin der menschliche »Schlepper« nur immer eine beladene Lore zum Schacht wuchten, mussten die Pferde bis zu zehn mit Kohle beladene Förderwagen auf Strecken zwischen 500 und 1.500 Metern ziehen, meist bis zur Erschöpfung. Durch den so gesteigerten Transport unter Tage wurde die Kohleproduktion rasant erhöht.

Tausende Grubenpferde wurden in den Zechen des Ruhrgebiets an Trageriemen und mit Sondervorrichtungen mühsam unter Tage gebracht, und weil ein Rücktransport aufwendig war, blieben sie gleich mehrere Wochen oder Monate im Stollen, mitunter auch ein Leben lang. Zum Einsatz kamen bevorzugt robuste und kleine regionale Pferderassen wie die »Emscherbrücher Dickköppe«, die den Wildpferden entlang des Emscher Bruchs entstammten. Die Bedingungen der Grubenpferde, untergebracht in Ställen für bis zu 30 Tiere, waren katastrophal: Die Strapazen der Schicht, dämmriges Grubenlicht, Wetterwechsel, Kohlenstaub sowie Verletzungen der Hufe, Köpfe und Flanken durch Drähte, scharfe Metalle und Mauervorsprünge setzten ihnen arg zu. Tierschutz: Fehlanzeige. Viele Pferde sahen schlecht, einige sollen sogar erblindet sein.

Grubenpferde gehörten nicht den Zechen, sondern waren Eigentum großer Pferdeverleihfirmen wie der Gelsenkirchener Firma Bischoff, von der auch Zollverein Hunderte Pferde bezog. Erst der technische Fortschritt, Lokomotiven und Förderbänder lösten die geschundenen Kreaturen Mitte der 1960er Jahre endgültig ab. Der Schriftsteller Paul Zech (1881–1946) brachte dieses Pferdeleben in einem Gedicht auf den Punkt: »So schwarz weint keine Nacht am schwarzen Gitter, wie in dem schwarzen Schacht das blinde Pferd. Ihm ist, als ob die Wiese, die es bitter in jedem Heuhalm schmeckt, nie wiederkehrt.«

Adresse Ruhr Museum, Schacht XII, Gelsenkirchener Straße 181, 45309 Essen, Tel. 0201/24681444, www.ruhrmuseum.de | Wie komme ich hin? Parkplätze A1, A2; Straßenbahn 107, Haltestelle Zollverein; Bus 183, Haltestelle Kohlenwäsche | Öffnungszeiten täglich 10–18 Uhr

42 Die Halde Zollverein

Der große Abraum an der Trabrennbahn

Rund 250 Halden zählt das Ruhrgebiet, und alle erzählen ihre Geschichte vom Beginn der Industrialisierung, ihren Bergwerken, den Aktivitäten tief unter Tage. Heute sind sie Zeugen des Zusammenbruchs und des Endes der Montanindustrie, indem sie nun einen gänzlich anderen Zweck erfüllen und sich strukturell stark verändert haben. Viele Halden, von denen einige über 100 Meter hoch sind, hat sich die Natur mit dem, was auf solch nährstoffarmen Böden wächst, zurückerobert, andere wurden gezielt renaturiert, viele wurden mit Kunstobjekten bestückt und haben es als attraktive Ausflugsziele zu einem gewissen Ruhm gebracht. All diese künstlichen Hügel oder kleinen Berge basieren auf dem Abraum, der beim Abteufen der Schächte anfiel, und bestehen aus Schlacke und Bauschutt.

Eine der größten Halden von Zollverein ist die 37 Hektar umfassende »Halde Zollverein« der Schachtanlage 4/11, die heute das »Triple Z« unmittelbar an der Stadtgrenze zu Gelsenkirchen beherbergt. Sie zieht sich um einen Teil der Gelsenkirchener Trabrennbahn und den »GelsenTrabPark«, da, wo in den 1920er Jahren der Flugplatz Essen-Gelsenkirchen-Rotthausen lag. Auch diese Halde ist zu einem Naherholungsort geworden, rangiert aber ein wenig unter dem Radar der breiten Öffentlichkeit. Vielleicht liegt es daran, dass es auf den insgesamt fünf Kilometer langen Wegen kaum Sitzgelegenheiten gibt, vielleicht aber auch an den Reitern, die dieses zum Teil unwegsame Gelände zu Trainingszwecken nutzen.

Vom Triple Z beziehungsweise der Moschee in Katernberg kommend, lässt sich die Halde auf verschiedenen Höhenebenen ergehen, aber auch tief unten dicht am Geläuf und den Ställen der Rennbahn. Es lohnt, abseits der Wege mal einen der kleinen Pfade steil nach oben zu nehmen. Hier stößt man vielfach auf Bergematerial, auf gewaltige Gesteinsbrocken, die einst in 1.000 Metern Tiefe lagen, und auf brachliegende Kohlereste.

Adresse Halde Zollverein, Schalker Straße (gegenüber Fatih Moschee), 45327 Essen | Wie komme ich hin? Parkplatz gegenüber Fatih Moschee; Straßenbahn 107, Haltestelle Triple Z oder Revierpark Nienhausen; Bus 173, Haltestelle Triple Z (Nienhuser Busch) | Öffnungszeiten jederzeit

43 Die Hallen

Neues Leben in der Gründer-Architektur

Die Optik der Zollverein-Architektur ist äußerlich unverändert. Die Innenräume verschiedener alter Industriegebäude haben sich aber grundlegend gewandelt. Vor allem die, deren industrielles Innenleben im Zuge der Zechenstilllegung noch vor dem Denkmalstatus demontiert wurde, oder die, die bis auf einige wenige ausgesuchte Maschinen nicht erhaltenswert schienen. Die meisten Gebäude wurden zu Event-Hallen umfunktioniert.

Die mit Abstand größte Halle der Zeche, Halle 5, mit ihren rund 800 Quadratmetern Fläche, einer zehn Meter hohen Decke und der schnörkellosen Innenarchitektur ist ein stark frequentierter Raum mit hervorragender Akustik für große Konzerte. Hier gehen die Jazztage über die Bühne, Popkonzerte, Veranstaltungen der Ruhrtriennale. Halle 6, die ehemalige Elektrowerkstatt der Zeche, beherbergte im Obergeschoss die exklusive Kaue der Steiger und Besucher von Schacht XII, während das Heer der Bergleute seine Räumlichkeiten ausschließlich auf Schacht 1/2/8 hatte, und ist heute eine für unterschiedlichste Veranstaltungen einzusetzende Mehrzweckhalle. Halle 8, ein zweigeschossiger Stahlfachwerkbau und das einstige Hochdruckkompressorenhaus, früher für die Druckluft unter Tage zuständig, ist seit 2021 eine temporär genutzte Ausstellungshalle für moderne Kunst. Halle 10, die ehemalige mechanische Werkstatt, wurde zu einem Kreativ-Treffpunkt für Jugendliche aus den an Zollverein angrenzenden Stadtteilen umgebaut.

Im Obergeschoss von Halle 12, der einstigen Lesebandhalle, befindet sich ein durch die Stiftung Zollverein bespielter Veranstaltungssaal mit Nebenräumen auf knapp 1.000 Quadratmetern. Moderne Technik, Parkettboden, geeignet für Empfänge, Galas und Kongresse. Durch eine Glaswand sind Teile der alten Sieberei der Zeche zu sehen, die zum Denkmalpfad gehört. Die darunterliegende »Kunststraße« wurde nachträglich auf der ursprünglichen Gleisanlage gebaut.

Adresse Schacht XII, Gelsenkirchener Straße 181, 45309 Essen, Tel. 0201/24681100 (Stiftung Zollverein), www.zollverein.de | **Wie komme ich hin?** Parkplätze A 1, A 2; Straßenbahn 107, Haltestelle Zollverein; Bus 183, Haltestelle Kohlenwäsche | **Öffnungszeiten** von außen jederzeit einsehbar

44 Die Haniels

Die mächtige Industriedynastie

Die Zechenbesitzer und Anteilseigner an Bergwerken und Kohleminen gehörten zu den reichsten Familien des Ruhrgebiets, die harte und zermürbende Arbeit der Bergleute war die Basis ihres Reichtums und luxuriösen Lebens, das ihre Erben bis heute genießen. Wohlhabend war der in Ruhrort geborene Industrielle Franz Haniel (1779–1868) schon, als er 1848 in Katernberg die Schächte 1/2 zu erschließen und abzuteufen begann und drei Jahre später mit dem Verkauf von Kohle loslegte. Er betrieb bereits eine Werft, war Kohlenhändler und als Teilhaber der Eisenhütten Oberhausen (Gutehoffnungshütte) einer der erfolgreichsten Eisen und Stahl erzeugenden Unternehmer. Nach familieninternen Besitzverschiebungen unter der Firmierung »Hüttengesellschaft und Handlung Jacobi, Haniel & Huyssen« stand er bereits 1820 an der Spitze des ersten deutschen Montan-Imperiums. 1821 führte er an der Ruhr den ersten geschlossenen Koksofen ein und wurde zum Pionier im Steinkohlebergbau. Denn Kohle und damit Koks war die Basis aller Eisen- und Stahlerzeugung.

Mit 14 Mitgliedern gehörte Haniel einer Bohrgesellschaft zur Erschließung neuer Kohlefelder im Essener Norden an, deren Anteile er 1847 komplett übernahm. Der Anschluss der Bahnlinie Köln–Minden gab den Ausschlag für den Bau der Zeche Zollverein. Die hier gefundene »fette Kohle« eignete sich besonders zur Verkokung. Franz Haniel stand bis zu seinem Tod der Zeche Zollverein vor, danach übernahmen sein Sohn Hugo und dessen Sohn Franz.

Die Familie brachte den gesamten Komplex Zollverein 1920 in den Stahlkonzern »Phönix AG für Bergbau und Hüttenbetrieb« ein, 1926 wurde die Zeche in die »Vereinigten Stahlwerke AG« eingegliedert. Aus Franz Haniel & Co. wurde die Franz Haniel & Cie. GmbH. In der sechsten Generation ist die Konzerngründerfamilie auf rund 1.200 Personen angewachsen und heute eine der reichsten Familien Deutschlands.

Adresse Ruhr Museum, Schacht XII, Gelsenkirchener Straße 181, 45309 Essen, Tel. 0201/24681444, www.ruhrmuseum.de | **Wie komme ich hin?** Parkplätze A 1, A 2; Straßenbahn 107, Haltestelle Zollverein; Bus 183, Haltestelle Kohlenwäsche | **Öffnungszeiten** täglich 10–18 Uhr

45 Die heilige Barbara

Schutzpatronin der Bergleute

Und plötzlich war sie weg, spurlos verschwunden. Die heilige Barbara, die jahrzehntelang in der Übertageanlage von Schacht XII gehangen hatte und der die Bergleute immer am 4. Dezember, dem Barbaratag, gehuldigt hatten, war gegangen wie die letzten Bergleute, als Zeche Zollverein 1986 mit der letzten Schicht endgültig die Tore schloss. Niemand wusste, wo die eineinhalb Meter hohe Heilige abgeblieben war. Doch dann geschah das Wunder: Als ein Bergmann aus dem benachbarten Katernberg, der 30 Jahre auf Zollverein unter Tage gearbeitet hatte, gestorben war, vermachte seine Witwe alle daheim angehäuften Bergmanns-Utensilien ihres Mannes dem neuen Ruhr Museum. Und plötzlich war die Vermisste wieder da. Heute hängt die heilige Barbara, die über Jahrzehnte Tausende Bergleute begleitet hat, wieder an ihrem angestammten Platz.

Vor allem die Menschen, die nach dem Ende des Zweiten Weltkrieges aus Oberschlesien ins Ruhrgebiet kamen und im neu aufblühenden Bergbau Arbeit fanden, etablierten die Verehrung der heiligen Barbara als wichtigste Schutzpatronin der Bergleute auch im Westen. Die Heilige galt als Beschützerin der Bergleute bei ihrer gefährlichen Arbeit in den Bergwerksstollen und Gruben. Denn immer wieder gab es verheerende Unfälle, blieben Kumpel unter Tage, erkrankten Arbeiter lebensgefährlich. Schon seit Ende des Mittelalters war die heilige Barbara die Schutzpatronin der Bergleute, die gegen Unglück und Tod das »Barbara-Licht« entzündeten.

Barbara, die im 3. Jahrhundert in Nikomedien in der heutigen Türkei geboren wurde, soll der Legende nach von ihrem Vater, einem reichen Kaufmann, enthauptet worden sein. Das schöne Mädchen hatte alle für sie vom Vater ausgesuchten Männer verschmäht, sich ganz der »jungfräulichen Hingabe an Gott« verschrieben und nach ihrer Flucht aus dem Turm bei Hirten und Bergleuten Zuflucht gesucht.

Adresse Schacht XII, Schachthalle, Gelsenkirchener Straße 181, 45309 Essen, Tel. 0201/246810, www.zollverein.de | Wie komme ich hin? Parkplätze A 1, A 2; Straßenbahn 107, Haltestelle Zollverein; Bus 183, Haltestelle Kohlenwäsche | Öffnungszeiten täglich 10 – 18 Uhr, Denkmalpfad-Führung nach Vereinbarung

46 Die Himmelsleiter

Von unter Tage nach ganz oben

Ganz am Ende der Kokerei geht es in den Himmel. Dicht an der Bahntrasse der ehemaligen Köln-Mindener Eisenbahn, die die Grenze des Weltkulturerbes markiert und auf der auch heute immer noch Züge unterwegs sind, stößt man auf eine Skulptur der besonderen Art: eine frei stehende Betontreppe, die aus der Erde zu wachsen scheint, sieben Meter hoch, mit einer Durchsicht in der Spitze. Diese erlaubt einen »himmlischen Blick« auf das Grün jenseits der Bahntrasse, in den nördlich an die Kokerei angrenzenden Westerbruch, aus der einst »verbotenen Stadt« ins angrenzende Katernberg. Dreht man sich, um die Treppe wieder zu verlassen, tun sich vor einem die »schwarze Seite« der Kokerei und der stetig wachsende Industriewald beiderseits der Ringpromenade auf.

Verantwortlich für die Himmelsleiter zeichnet die 1997 im niederländischen Rotterdam gegründete Künstlergruppe »Observatorium«, deren kreativer Schwerpunkt es ist, durch die Platzierung von Kunstwerken in die Transformationsprozesse spezieller Orte einzugreifen und gleichzeitig neue Nutzungsformen zu kreieren. Das können permanente oder temporäre Skulpturen sein, die Kunst am Bau oder die Gestaltung von Parklandschaften.

Zwischen 2008 und 2014 entwickelte Observatorium das Projekt »Zollverein – Grüner Schatten« mit dem Ziel, die Randbezirke der Zeche und Kokerei Zollverein mit Teilen der an das Gelände angrenzenden grünen Bereiche in die Gesamtprojektion einzubeziehen, um für Anwohner und Besucher gleichermaßen eine historische Barriere einzureißen. In diesem Zusammenhang entstand die von »unter Tage« wachsende turmartige Treppe, die scheinbar ins Nichts führt, aber dennoch neue Horizonte eröffnet. Sie soll die Grenze zum Wald- und Wiesengelände jenseits der Köln-Mindener Bahnlinie, zum »grünen Schatten« Zollvereins, durchlässig machen. Die Künstlergruppe Observatorium gestaltete im Übrigen auch die Besucherpavillons von Schacht XII und der Kokerei.

Adresse Kokerei, Kokereiallee, 45141 Essen | **Wie komme ich hin?** Parkplatz C; Straßenbahn 107, Haltestelle Zollverein; Bus 183, Haltestelle Kokerei; zu Fuß am Ende der Kokereiallee rechts | **Öffnungszeiten** immer begehbar

47 Die Holzskulpturen

Im »Labyrinth der verborgenen Schätze«

Ergeht man das Gleisbett in der Nähe des Stellwerks auf den von Birken unterbrochenen sichtbaren Schienensträngen von der Kohlenwäsche in Richtung Schacht 1/2/8, stößt man immer wieder auf eigenwillige, etwas fremd und archaisch wirkende Holzstelen: geschnitzte und kolorierte, bis zu drei Meter hohe und in den Boden zwischen den Schienen eingelassene Skulpturen. Es handelt sich hierbei um elf Werke des 1958 in Wuppertal geborenen und lebenden Künstlers und Bildhauers Georg Janthur, der diesen Zyklus 2008 für Zollverein unter dem Motto »Labyrinth der verborgenen Schätze« schuf.

Die Spezialität Janthurs ist die Arbeit mit Eichenholz. Aus Eichenholzpfählen modelliert der ehemalige Student der Visuellen Kommunikation an der Fachhochschule Düsseldorf figurative Darstellungen und Alltagsgegenstände, aber auch konkrete Inhalte. Seine Figuren wirken oft wie Zaungäste, die das Geschehen ringsum wahrnehmen, ohne einzugreifen.

Das Spezielle an den Figuren der Gleisharfe auf Zollverein: Die Entwürfe der Holzskulpturen sind alle der Phantasie von Schülerinnen und Schülern der Essener Kant-Grundschule entsprungen, die nur wenige Minuten von Zollverein entfernt an der Büchelsloh liegt. Auf Pappe und Papier entwarfen die Kinder die Geschichte des Phantasiemännleins Geert, das immer unter Tage lebte und plötzlich an die geheimnisvolle Oberfläche kommt und sich auf den Weg ins »Labyrinth der verborgenen Schätze« macht. Der Bildhauer hat die Entwürfe mit Schnitzwerk und Kettensäge in die Baumstämme gearbeitet, die anschließend von den Schülerinnen und Schülern bunt bemalt wurden. Die elf Phantasiegebilde um das Stellwerk von Schacht XII, die alle mit dem Bergbau zu tun haben, Totempfählen ähnlich, sind zwar witterungsbedingt ein wenig in die Jahre gekommen – eine farbliche Auffrischung täte ihnen gut –, haben aber nichts von ihrer irritierenden, etwas mystischen Wirkung eingebüßt.

Adresse Gleisharfe, zwischen Schacht XII und Schacht 1/2/8, Gelsenkirchener Straße 181, 45309 Essen | **Wie komme ich hin?** Parkplätze A 1, A 2; Straßenbahn 107, Haltestelle Zollverein | **Öffnungszeiten** immer zu begehen

48__Der Hut

Sturmtief Daisy zu Gast bei RUHR.2010

Im Gedächtnis sind geblieben: ein ungeheures Schneegestöber, die Ruhr-Hymne des Sängers Herbert Grönemeyer und der Hut von Horst Köhler. Wer den damaligen Bundespräsidenten bei seiner Ansprache an diesem außergewöhnlichen Nachmittag auf der Kokerei von Zollverein live erlebt hat, hat heute weniger seine Rede in Erinnerung als diese ungewöhnliche Kopfbedeckung, die es prompt ins Ruhr Museum geschafft hat. In eine mächtige Vitrine mit der Etikettierung: »Hut des Bundespräsidenten Horst Köhler, um 2010. Wolle, Gore-Tex, Polyester, Leder, Metall«.

Es war der 9. Januar 2010. Der lange und detailliert vorbereitete Festakt zur Eröffnung der Kulturhauptstadt Europa RUHR.2010 stand auf dem Programm. In Essen, auf Zollverein. Im Freien vor der gigantischen Industriekulisse der Kokerei, des Weltkulturerbes. Alles war bereitet. In die Industriekulisse integrierte metallene Bühnen, raffinierte Lichtspiele, aufwendige Techniken, rundum Zuschauertribünen, kurz: eine gigantische Show stand an, dem Ereignis angemessen.

Das Ruhrgebiet mit 53 Städten und Gemeinden als Europas Kulturhauptstadt präsentierte »Wandel durch Kultur – Kultur durch Wandel«. Der Größe des Anspruchs entsprechend sollte auch das Opening sein. Das Fernsehen übertrug live. Aber dann geschah etwas, das die Veranstalter nicht planen konnten. Das Wetter spielte verrückt!

Ein eisiger, alles durchdringender Wind blies von Nordost, schneidende Kälte, dichter Schneefall. Sturmtief Daisy tobte sich über dem Ruhrgebiet aus. Die Gäste sahen ihre Hand vor Augen nicht, irrten durchs Gelände, wurden geleitet, landeten in Sackgassen, kämpften sich durch und fanden mit Verzug ihre Sitzplätze. Eingemummt in auf den Sitzschalen platzierten Wetterschutzsets in unterschiedlicher Farbgebung startete schließlich die fulminante Eröffnungsshow, die trotz oder vielleicht gerade wegen Daisy zu einem unvergesslichen Highlight wurde. »Glückauf 2010!«

Adresse Ruhr Museum, Schacht XII, Gelsenkirchener Straße 181, 45309 Essen, Tel. 0201/24681444, www.ruhrmuseum.de | Wie komme ich hin? Parkplätze A 1, A 2; Straßenbahn 107, Haltestelle Zollverein; Bus 183, Haltestelle Kohlenwäsche | Öffnungszeiten täglich 10–18 Uhr

49 Der Industriewald

Wo Birken und Robinien dominieren

Diese Baum- und Pflanzenstruktur bringt nur die Industriebrache hervor, eine Halde, auf der der Abraum aus vielen hundert Metern Tiefe lagert. Verlässt man den Gleisboulevard der Zeche in nördlicher Richtung zur Kokerei hin und steigt unter den Bandbrücken hindurch, vorbei an Maschinenteilen und vergitterten Stiegen, auf die sich leicht erhebende Halde zwischen Schacht XII und der Kokerei, tut sich ein malerisches Wäldchen aus Birken und Robinien auf, wie man es in einem Stadtpark sonst schwerlich findet. Denn hier, auf diesem einst kontaminierten Boden, wachsen mit Vorliebe Bäume, die vergleichsweise »anspruchslos« sind. Die Nähe des alten Industriestandortes ist zu spüren, und er ist dennoch weit weg. Nur wenige Meter entfernt von der Umtriebigkeit von Zollverein existiert eine Oase der Ruhe und Meditation. Und dazwischen immer wieder die monumentalen, aus Steinbrüchen herausgeschlagenen und künstlerisch geformten und bearbeiteten Granitskulpturen des Bildhauers Ulrich Rückriem, die auf ihre Weise den tiefen, menschengemachten Eingriff in die Natur aufzeigen, der unter einem allgegenwärtig ist.

Das Anlegen von sogenannten Industriewäldern im Ruhrgebiet geht zurück auf ein Projekt der Internationalen Bauausstellung (IBA) Emscher Park zu Beginn der 1990er Jahre. Dahinter steckt die Idee, dass sich die Natur die brachliegenden Flächen, vor allem auch auf den Gebieten stillgelegter Zechen und ihrer Halden, selbst zurückerobern sollte. So entstanden in den zurückliegenden zwei Jahrzehnten neue Lebensräume für Pflanzen und Tiere und Erholungsrefugien für Menschen in Bereichen, die früher unzugänglich waren. Der wilde Industriewald ist zu einem festen Bestandteil des Ruhrgebiets geworden, auf Zeche Zollverein, da, wo jahrzehntelang Kohle gefördert wurde, und zu einem ungewöhnlichen Naturerlebnis. Rund ein Drittel des 100 Hektar großen Geländes von Zollverein ist heute bewaldet.

Adresse Halde zwischen Schacht XII und Kokerei, Gelsenkirchener Straße 181, 45309 Essen | Wie komme ich hin? Parkplatz A 1; Straßenbahn 107, Haltestelle Zollverein | Öffnungszeiten immer zu begehen

50 Die Kammgebäude

Die »weiße Seite« der Kokerei

Gegenüber der Kokskohlenbatterie, südlich der Kokereiallee auf der »weißen Seite« der Kokerei, entstand parallel zur Koksproduktion ein gewaltiger Chemiepark. Sichtbares und typisches Zeichen einer Chemiefabrik: Über 13 Kilometer Rohrleitungen, ein undurchschaubares Gewirr an Aggregaten, Kühltürmen und Gebäuden bestimmt diesen Teil der Kokerei, Aufbereitungsanlagen der zahlreichen Nebenprodukte, die bei der Umwandlung von Kohle zu Koks freigesetzt wurden und industriell vermarktet werden konnten. Aus Kokereigas wurden Teer, Schwefelsäure und Rohbenzol für die chemische Industrie gewonnen, Ammoniumsulfat wurde in Salz für die Landwirtschaft umgewandelt und im Salzlager gebunkert. Dazu wurden täglich vier Millionen Kubikmeter Rohgas gereinigt, von denen knapp die Hälfte zum neuerlichen Beheizen der Koksöfen wiederverwendet wurde.

Markant: die Kammgebäude der »weißen Seite«, so benannt, weil sie den Zacken eines Kamms gleich quaderförmig aufgereiht und durch einen vorgelagerten Gang miteinander verbunden sind. Die meisten Gebäude, gebaut in Massivbauweise als Stahlbetonkonstruktion, einst frühe chemische Prozessorte, was sich an den gewaltigen Rohrsystemen und Aggregaten auf der Rückseite ablesen lässt, sind heute Kreativ- und Büroräume. In die sechs bis acht Meter hohen Kammgebäude und die dazugehörigen Werkflächen sind zahlreiche kleinere Unternehmen eingezogen, mit Showrooms, Ateliers und Werkstätten. Dazu gehören das »Möbelloft«, die Fliesenmanufaktur Golem, der Seifenproduzent Sapor und das in Deutschland und Holland tätige Produktentwicklungsbüro MMID. Das angrenzende zweigeschossige ehemalige Schalthaus, der alte Leitstand der Kokerei, beherbergt das Erwin L. Hahn Institute for Magnetic Resonance Imaging, eine Forschungseinrichtung der Universität Duisburg-Essen, die Verfahren der Magnetresonanztomografie entwickelt.

Adresse Kammgebäude, Heinrich-Imig-Straße 9–11, 45141 Essen, www.zollverein.de | Wie komme ich hin? Parkplatz C, Straßenbahn 107, Haltestelle Zollverein; Bus 183, Haltestelle Kokerei Zollverein | Öffnungszeiten immer zu besichtigen, Geschäfte entsprechend den Öffnungszeiten

51 Die Kanarienvögel

Lebensretter als Wegeleitsystem

In den Wohnungen der Zechensiedlungen sorgte ihr munteres Zwitschern für unbeschwerte Freude, unter Tage wurden sie zu Lebensrettern. In den tiefen Stollen der Bergwerke hingen kleine Käfige mit den gelb gefiederten Kanarienvögeln, die zu ständigen Begleitern der Bergleute wurden. Denn besonders beim mühevollen Vortrieb neuer Grubenfelder hatten die Kanarienvögel die Funktion eines Frühwarnsystems. Wenn das für die Bergleute lebensbedrohende einströmende Grubengas freigesetzt wurde oder ein Mangel an Sauerstoff bestand, schlug ihre Stunde. Denn schon bei der geringsten Spur von Kohlenmonoxid fielen die sensiblen Vögel tot von der Stange. Die Kumpel waren ihrerseits vor der todbringenden Gefahr gewarnt.

Wie gut, dass den Kanarienvögeln ein Denkmal gesetzt wurde. Im Zuge der Kulturhauptstadt Europas »RUHR.2010«, in deren Zentrum das Weltkulturerbe Zollverein stand, wurde ein Gestaltungswettbewerb »Designallee Zollverein« ausgeschrieben. Die Aufgabe: ein künstlerisches Wegeleitsystem für Bahnreisende zu entwickeln, das die Besucher die rund 300 Meter vom Bahnhof Zollverein Nord bis zur Bullmannaue und dem Zollverein-Gelände führen sollte. Es gab einen herausragenden Gewinner: den Entwurf »Kanarienvögel« des Architekten Axel Hummert aus Pulheim bei Köln, für die Jury »eine ungewöhnliche, mutige und witzige Idee«. In doppelter Hinsicht wurde der Kanarienvogel plötzlich zum »Symbol für Sicherheit«.

Acht überdimensionierte knallgelbe Kanarienvögel weisen nun den Weg. Jeder Vogel ist zwei Meter hoch, 3,60 Meter lang und hat ein Gewicht von etwa 100 Kilogramm. Gemeinsam mit der Kreativwerkstatt Ulrich Wiedemann aus Lindau am Bodensee wurden die Vögel in Handarbeit aus Hartkunstharz modelliert und anschließend zinkgelb lackiert. Jede einzelne Skulptur des »Projekts Kanarienvögel« ist auf der »Designallee« nach Zollverein ein farbenfroher Hingucker.

Adresse Weg von der Bahnhaltestelle Zollverein Nord bis zur Bullmannaue, 45327 Essen | **Wie komme ich hin?** Straßenbahn 107, Haltestelle Abzweig Katernberg; RB 32 und 35, Haltestelle Zollverein Nord | **Öffnungszeiten** immer einsehbar

52 Das Karbon-Diorama

Blick in die Urzeit

Wie mag es bloß ausgesehen haben, damals vor 300 Millionen Jahren, als die Natur zu Kohle wurde? Das in die Betonwand eingelassene Karbon-Diorama »Sumpfmoorwald« des Ruhr Museums versucht, darauf eine Antwort zu geben. Dieses in die Tiefe des Raums gebaute dreidimensionale Schaubild in die Urzeit präsentiert zahlreiche Pflanzen und Objekte, die nahtlos in einen perfekt gemalten Hintergrund übergehen. Man taucht ein in eine künstlich geschaffene Realität, in einen riesigen Sumpfmoorwald, warm und feucht, so wie er in etwa ausgesehen haben könnte. Die perfekte Illusion.

Ein wenig verschleiert wirkt das Bild, weichgezeichnet, ein vorgelagertes, engmaschiges, dünnes Netz lässt keine klaren Konturen zu. Vielleicht ist das gut so, wenn man zurückschaut in das Erdzeitalter Karbon, die Steinkohlenzeit, in eine Epoche, die schwer zu erfassen ist. Die Siegelbäume, Schachtelhalme, Schuppenbäume, Bärlappen und gewaltigen Farne versanken irgendwann im moorigen Grund, von Sand, Schlamm und Geröll überdeckt. Es vergingen Jahrmillionen, die Erdplatten mit ihren mächtigen Gebirgszügen und auch die Kontinente verschoben sich, die toten Pflanzen und Wälder sackten immer tiefer, wurden vom Wasser überflutet und verwandelten sich schließlich unter wachsendem Druck und dem Wegfall von Sauerstoff zu Kohle in unterschiedlichen Lagen und Schichten. Sie verfaulten nicht, sie vertorften. Die nachdrückenden Sandmassen wurden zu Sandstein, der Ton zu Schiefer.

Zur Karbonzeit lag das heutige Ruhrgebiet wie alle anderen europäischen Kohlelagerstätten noch in der Nähe des Äquators. Rund 10.000 Jahre soll das Wachstum einer ein Meter dicken Steinkohleschicht auf der Basis stets chemisch umgewandelter Pflanzenreste im Flöz gedauert haben. In vielen Kohlestücken erkennt man heute Strukturen der Vegetation des Ruhrgebiets von vor 300 Millionen Jahren.

Adresse Ruhr Museum, Schacht XII, Gelsenkirchener Straße 181, 45309 Essen, Tel. 0201/24681444, www.ruhrmuseum.de | Wie komme ich hin? Parkplätze A 1, A 2; Straßenbahn 107, Haltestelle Zollverein; Bus 183, Haltestelle Kohlenwäsche | Öffnungszeiten täglich 10–18 Uhr

53 Die Kohlenwäsche

Hier begann das »schwarze Gold« zu funkeln

Die 90 Meter lange, 30 Meter breite und 45 Meter hohe Kohlenwäsche, das größte Übertagegebäude der gesamten Anlage Zollverein, war einst ein riesiger Maschinenpark, eingefasst in eine umfassende Stahlkonstruktion, verkleidet mit einer dünnen Fassade aus rotem Ziegelstein, unterbrochen von Fensterbändern, die den rund um die Uhr laufenden Maschinenpark vor allem vor äußerlichen Einflüssen und dem Wetter schützen sollte. Die beiden Zollverein-Architekten Fritz Schupp und Martin Kremmer hatten die Kohlewäsche 1932 ganz im sachlichen Stil der Bauhausarchitektur der 1920er Jahre errichtet. Darin: die von Ingenieuren konstruierte gigantische Maschinerie der Kohleaufbereitung über alle Ebenen des Gebäudes hinweg, in einem einzigen Prozess ineinander verzahnt. Bis zu 12.000 Tonnen Steinkohle wurden hier täglich auf der Schachtanlage XII in einem äußerst komplexen Arbeitsprozess aufbereitet.

Hierher wurde die durch Schacht XII zutage geförderte Kohle über weit ausladende Bänder geführt, sie wurde gereinigt, sortiert und klassiert, nachdem sie zuvor von grobem, nutzlosem, mit ihr durch den Abbau verbundenem Gestein, die sogenannten Berge, getrennt worden war. Auf riesigen Sieben wurden die Gesteinsbrocken unter Wasserzufuhr so lange geschüttelt und bearbeitet, bis sie das »schwarze Gold«, spezifisch leichter im Gewicht als die Berge, freigaben, das dann oben schwamm, während das Gestein absackte. Man muss sich den Prozess vorstellen wie eine gigantische Goldgräberschüssel, in der die Nuggets geborgen werden. Schließlich wurde die Kohle über Siebe entwässert, nach Korngröße klassiert und durch riesige Trichter auf unter der Kohlenwäsche durchfahrende Eisenbahnwaggons verladen und abtransportiert. Oder als Kokskohle, ein Mix aus Feinkohle, Kohlenstaub und getrocknetem Kohlenschlamm, über Bandbrücken zur Kokerei transportiert, um in Koks verwandelt zu werden.

Adresse Kohlenwäsche, Schacht XII, Gelsenkirchener Straße 181, 45309 Essen, Tel. 0201/246810, www.zollverein.de | **Wie komme ich hin?** Parkplätze A 1, A 2; Straßenbahn 107, Haltestelle Zollverein; Bus 183, Haltestelle Kohlenwäsche | **Öffnungszeiten** täglich 10–18 Uhr

54 Die Kokerei

Wo aus Kohle Koks wurde

Um den Erhalt der Kokerei stand es lange Zeit Spitz auf Knopf, nachdem dieser gigantische Industriekomplex am 30. Juni 1993 inmitten des vollen Betriebs und sehr überraschend für die etwa 1.000 beschäftigten Koker stillgelegt wurde. Ein Beschluss der Ruhrgas AG. Die gesamte Anlage sollte demontiert werden. Erst durch viel Verhandlungsgeschick der Initiatoren der Internationalen Bauausstellung (IBA) Emscher Park um dessen Mentor Karl Ganser (1937–1922) und den Erfolg der 1999 im Ruhrgebiet bejubelten Ausstellung »Sonne, Mond und Sterne« konnte ein Abriss endgültig verhindert werden. Ein Jahr später erhielt die Kokerei, die größte ihrer Art in Europa, Denkmalstatus.

Die zwischen 1951 und 1961 nach Plänen des Architekten Fritz Schupp parallel zu den Gleisen der Köln-Mindener Eisenbahn erbaute Kokerei und deren 1971 erfolgte Erweiterung von ursprünglich 192 auf 304 Kokskohleöfen war in der Geschichte von Zollverein die dritte, aber dieses Mal übertraf sie in puncto Modernität, Effektivität und Kapazität alle Vorgängervarianten um ein Vielfaches. Täglich wurden aus 11.000 Tonnen Steinkohle 8.500 Tonnen Koks produziert und in die Hüttenwerke der Stahlindustrie transportiert, um in den Hochöfen Roheisen zu schmelzen.

Die sich auf einen Kilometer Länge erstreckende Kokerei teilte sich in den »schwarzen« und den »weißen« Bereich, strikt getrennt durch die Kokereiallee, die heutige »Blaue Allee«. Nördlich, zur Eisenbahnlinie hin, auf der »schwarzen Seite«, wurde die Kohle in der gigantischen Koksofenbatterie unterhalb der sechs riesigen Schornsteine zu Koks gebacken. Südlich, auf der »weißen Seite«, die zwei Drittel des gesamten Betriebsgeländes umfasst und von einem rasterförmigen Straßennetz durchzogen ist, wurden die aus dem Verkokungsprozess anfallenden Gas- und Nebenprodukte chemisch verarbeitet und zum Kern eines gänzlich eigenen Industriebereichs von Zollverein.

Adresse Kokereiallee, 45141 Essen, Tel. 0201/246810, www.zollverein.de | Wie komme ich hin? Parkplatz C; Straßenbahn 107, Haltestelle Zollverein; RB 32 und 35, Haltestelle Zollverein Nord; Bus 183, Haltestelle Kokerei | Öffnungszeiten immer zu besichtigen

55 Der Kokskohlenbunker

Herzschlag der Zeche

Wenn man unterhalb des auf massiven Stahlbetonträgern ruhenden, 39 Meter hohen Kokskohlenbunkers unmittelbar neben der Kohlenwäsche steht, auf den drei mit Schotter gefüllten Gleisen, über sich die sechs sichtbaren Betontrichter, durch die die Kohle in die darunter rangierenden oder durchfahrenden Waggons der Kohlenzüge krachte, spürt man, welch hektisches Treiben, welcher Lärm und welche Staubentwicklung hier geherrscht haben müssen. Von diesem von den Architekten Fritz Schupp und Martin Kremmer konzipierten Kohlenturm mit einem Fassungsvermögen von 3.000 Tonnen Steinkohle, der ausschließlich der zur Verkokung geeigneten Kohle vorbehalten war, wurde das »schwarze Gold« über Jahrzehnte in die konzerneigenen Großkokereien transportiert. Das änderte sich 1961 noch einmal grundsätzlich, als die neue Kokerei auf Zollverein in Betrieb ging, die nun zum Hauptabnehmer der auf Schacht XII geförderten Kohle wurde.

Eine aufwendige Transportlogistik musste her, neue Bandbrücken und Transportbänder wurden errichtet, die über die Halde führten, rechtwinkelig verbunden über zwei Ecktürme und den Wiegeturm. Alles in Stahlfachwerk gebaut, versehen mit Fensterbändern, denn jetzt mussten die gigantischen Ofenbatterien ständig mit der in der Kohlenwäsche gereinigten und klassierten Kohle, die hier gebunkert wurde, gefüllt werden. Fast rund um die Uhr transportierten die Bänder Feinkohle, Grobschlamm und Kohlenstaub zur Mischanlage der Kokerei oder beluden die Eisenbahnwaggons unter dem Kokskohlenbunker.

Im Zuge des Umbaus der Kohlenwäsche zum Ruhr Museum 2010 wurde auch die Trichter- und Verteilerebene des Kokskohlenbunkers in die Gesamtkonzeption eingebunden und zu einem 200 Quadratmeter großen, sechs Meter hohen, über eine Brücke an das Museum angeschlossenen Veranstaltungsraum. Besonders beeindruckend: die sechs großen, original erhaltenen Betontrichter.

Adresse Schacht XII, Gelsenkirchener Straße 181, 45309 Essen, Tel. 0201/246810, www.zollverein.de | Wie komme ich hin? Parkplätze A 1, A 2; Straßenbahn 107, Haltestelle Zollverein; Bus 183, Haltestelle Kohlenwäsche | Öffnungszeiten täglich 10–18 Uhr

56 Die Koksofenbatterie

304 Öfen unter voller Leistung

Neben den sechs in den Himmel ragenden Kaminen der »schwarzen Seite« sind die 304 Öfen der Kokskohlenbatterie *das* Wahrzeichen der Kokerei. Die sechs Meter hohen Öfen, einheitlich 45 Zentimeter breit und 13 Meter lang, sind die Keimzelle des gesamten Prozesses der Umwandlung von Kohle zu Koks. Von oben wurden sie von einem über Schienen laufenden sogenannten Beschickungs- oder Füllwagen unaufhörlich befüllt. Luftdicht verschlossen, wurde die Kohle rund 18 bis 20 Stunden bei 1.100 Grad zum Glühen gebracht, bis zur sogenannten Rotglut, und zu Koks gebacken. Alle sich in diesem Prozess bildenden Gase wie Schwefelwasserstoff, Ammoniak oder Benzol wurden aufgefangen und über Rohrsysteme zur »weißen Seite« geleitet.

War der Koks gegart, wurden die Kammern maschinell geöffnet, und der Koks wurde durch eine riesige Koksausdrückmaschine auf der asphaltierten Maschinenbahn vor der Batterie mittels einer 13 Meter langen Druckstange aus den Öfen gedrückt. 21 Tonnen pro Ofenkammer. Auf der anderen Seite wurde die Glut von Löschwagen aufgefangen, zu den Löschtürmen transportiert und mit rund 40.000 Litern Wasser abgelöscht. Das musste geschehen, bevor der Koks an der Luft verbrannte. Der abgekühlte Koks kam schließlich in die Sieberei, wurde nach Korngrößen klassiert, in Waggons verladen und in die Hüttenwerke transportiert.

Der Ausdrückprozess und das Löschen des glühenden Kokses gingen einher mit kaum vorstellbarer Hitze, Staub, austretenden Gasen und gigantischen Dampfwolken. Für die Ofenarbeiter und die benachbarten Wohngebiete war das nahezu unerträglich. Löschgleishallen über den Koksabwurframpen sollten die Emissionen für die Menschen in der Nachbarschaft verringern. Da, wo einst die Drückmaschine fuhr, befindet sich heute der Kanal, der im Winter zur Eisbahn wird. Die Uferpromenade des Wasserbeckens war früher der »Meistergang«, von dem aus die Koker die Öfen kontrollierten.

Adresse Kokereiallee, 45141 Essen, Tel. 0201/246810, www.zollverein.de | **Wie komme ich hin?** Parkplatz C; Straßenbahn 107, Haltestelle Zollverein; RB 32 und 35, Haltestelle Zollverein Nord; Bus 183, Haltestelle Kokerei | **Öffnungszeiten** von außen immer einsehbar und im Zuge des Denkmalpfades

57 Die Köln-Mindener

Hochbetrieb für Kohlenzüge

An den Abbau von Kohle in großem Stil war erst zu denken, als feststand, dass die Trassenführung der 1843 in Köln gegründeten Eisenbahnlinie Köln – Minden auch durch das Kohlerevier im Essener Norden führen würde. Franz Haniel und seine Familie erwarben ein Gebiet, das direkt von der neuen Bahn durchfahren wurde. Im kleinen Bauerndörfchen Katernberg versprachen Probebohrungen ein Flöz mit ergiebigen Mengen Steinkohle, und so entstand hier 1844 die damals nördlichste Kohlenzeche des Ruhrreviers: die 1847 als bergrechtliche Gesellschaft gegründete Zeche »Zollverein«.

Die 1848 abgeteufte Schachtanlage 1/2 mit ihren markanten Malakow-Türmen über der Förderanlage, durch die das in 130 Metern Tiefe gelegene Steinkohlengebirge erreicht werden konnte, erhielt einen eigenen Gleisanschluss an das die Industrielandschaft Ruhrgebiet revolutionierende Transportmittel Eisenbahn. Die Grundlage für die rasante Expansion der Zeche Zollverein, die zum Bergwerk mit der höchsten Jahresförderung in Deutschland wurde. Auch das Dörfchen Katernberg profitierte davon, erhielt 1887 einen eigenen Personenbahnhof, der anfänglich »Zollverein« hieß.

All das wäre nicht möglich gewesen ohne die am 15. Mai 1847 eingeweihte Trasse der Köln-Mindener Eisenbahn-Gesellschaft zwischen Rhein und Weser, die über Duisburg, Oberhausen, Altenessen, Gelsenkirchen, Herne und Dortmund führte. Der Familie Haniel kam zugute, dass für die Bahntrasse das flache Gelände der Region Emscher gewählt wurde. Und für die Köln-Mindener Eisenbahn-Gesellschaft wurde der Güterverkehr des Ruhrgebiets, vor allem der Transport von Kohle, ein Riesengeschäft. Auch der knapp einen Kilometer lange Bau der 1961 in Betrieb genommenen neuen Kokerei richtete sich an den Gleisen der alten Köln-Mindener Eisenbahn aus, wie schon zuvor die gesamten Gleisstränge von Schacht XII von 1928. Einige Gleise und Reste der Station Kokerei sind noch zu sehen.

Adresse Schacht 1/2/8 und Kokerei, Bullmannaue und Arendahls Wiese, 45141 Essen | **Wie komme ich hin?** Parkplätze B, C; Straßenbahn 107, Haltestelle Zollverein; RB 32 und 35, Haltestelle Zollverein Nord; Bus 183, Haltestelle Kokerei | **Öffnungszeiten** von außen immer zu besichtigen

58 Die »Konstellation D4«

16 Tonnen Stahl zu Kunst geformt

Ohne Übertreibung lässt sich konstatieren, dass der Stahlplastiker Alfred Lechner (1925 – 2017) zu den Stars seiner Zunft zählte und Kunstgeschichte schrieb. Sein fast 800 Skulpturen umfassendes Werk ist aus dem öffentlichen Raum nicht wegzudenken, zahlreiche namhafte Museen stellen seine Skulpturen aus. Lechner, der in München geboren wurde und seit dem Jahr 2000 in Ingolstadt sein eigenes Museum hatte (Lechner Museum), arbeitete seit Mitte der 1990er Jahre vorwiegend im bayerischen Obereichstätt, wo er das ehemalige Königlich Bayerische Eisenhüttenwerk mit seinen Werken, meist aus massivem Stahl, in einen Skulpturenpark verwandelte.

Hier im Altmühltal entstand auch die Werkgruppe »Konstellation D1–D8«, aus der die 16 Tonnen schwere Stahlplastik »Konstellation D4« auf dem Rasen zwischen dem Schalthaus und der Fördermaschinenhalle Süd, in unmittelbarer Nähe zum Doppelbock-Fördergerüst gelegen, stammt, die mit dessen mächtigen, in den Boden eingelassenen Trägerblöcken zu korrespondieren scheint. Die 1994 entstandene Skulptur, aus riesigen, bis zu 40 Tonnen schweren Stahlblöcken geschnitten, gewalzt und graviert, steht, einer Wippe gleich, unverrückbar durch ihr enormes Eigengewicht. Ursprünglich war die »Konstellation D4« nicht für Zollverein geplant. Die Skulptur, Teil der 1995 präsentierten Ausstellung »Alf Lechner. Skulpturen 1990 – 1995«, wurde der Stiftung Zollverein als Schenkung überlassen.

Alf Lechner arbeitete zeitlebens mit massivem Stahl in großen Formaten, ähnlich wie der spanische Bildhauer Eduardo Chillida. Dabei bevorzugte er stets geometrische Formen. Seine Werkgruppen und Arbeitszyklen: Verformungen, Verwindungen, Konjunktionen, Stabilisierungen, Durchdringungen, als Kurven, Scheiben, Flächen, Kugeln oder Tetraeder. Es gibt keine geometrische Form, die Lechner in seinem Œuvre nicht aussagestark in Stahl geformt hat.

Adresse Schacht XII, am Schalthaus, Gelsenkirchener Straße 181, 45309 Essen, www.zollverein.de | **Wie komme ich hin?** Straßenbahn 107, Haltestelle Zollverein | **Öffnungszeiten** immer zu besichtigen

59 Die Krötenwanderung

Biotop der besonderen Art

Wenn nach Einbruch der Dunkelheit die Kröten zwischen Zeche und Kokerei zu quaken beginnen, laut und eindringlich ihr schrilles Konzert anstimmen, dann meint man, einer künstlich gesteuerten Animation beizuwohnen. Das hört man sonst in dieser Intensität nur im Dschungel. Aber hier, zwischen Schacht XII und der Kokerei, ist alles echt. Die Kröten sind nachts unterwegs, suchen die Feuchtbiotope und die tiefer liegenden Mulden der Haldenlandschaft auf, die Tümpel und die winzigen Seen. Um ihnen ein möglichst hindernisfreies Passieren des Zollverein Parks zu ermöglichen, haben die Landschaftsarchitekten in die Ringpromenade, da, wo sie zwischen Halde und Skulpturenwald den Park durchquert und eine zum Wäldchen hin höher liegende Innenkante aufweist, sechs Steinrampen gesetzt. Mit eingelassenen Froschemblemen. Über die sollen die Kröten unbeschwert zum nächsten Wasserbecken gelangen. Ob die »Krötensteine« von den hüpfenden Tieren tatsächlich angenommen werden, bleibt das Geheimnis der Macher und der Nacht. Gesehen hat es noch niemand.

Wenn man sich auf die leicht erhöhte Terrasse am Rande des Gleisboulevards schräg unterhalb des Portalkratzers begibt, wo man dicht am versumpften und überwässerten Gelände sitzt, am mit Moosen und Schlingpflanzen überwucherten Teich, und dabei all die schwirrenden, schwimmenden Tiere beobachtet, sollte man sich unbedingt vergegenwärtigen, dass hier einst Hunderte mit Kohle und Bergematerial beladene Waggons rund um die Uhr rangiert und abtransportiert wurden. Da war hier nichts grün, sondern alles schwarz. Hier wie im ganzen Zollverein Park hat sich eine »nachindustrielle Naturwildnis« Bahn gebrochen, sind inzwischen über 500 Farn- und Blütenpflanzenarten zu Hause, 100 Flechtenarten, 60 Vogel- und 20 Schmetterlingsarten, vor allem aber auch Amphibien wie die Kreuzkröte, Bergmolche und viele Erdkröten.

Adresse Halde zwischen Schacht XII und Kokerei, Gelsenkirchener Straße 181, 45309 Essen | Wie komme ich hin? Parkplatz A 1, A 2; Straßenbahn 107, Haltestelle Zollverein | Öffnungszeiten immer zu begehen

60 Die Kühltürme

Die Stahlriesen der Kokerei

Den beiden gewaltigen Stahlskeletten der Kühltürme auf der »weißen Seite« der Kokerei kann man ganz nahe kommen. Eigentlich sollten sie für immer so bleiben, wenngleich ständig über neue Nutzungsmöglichkeiten gebrütet wird. Angedacht wurde, die Kühltürme im Rahmen von Start-up-Unternehmen grundsätzlich umzurüsten und neu zu nutzen. Als multifunktionale Hochhäuser, mit integriertem Sicherheitstreppenraum und Büros. Analog zu den beiden kleinen Kühltürmen an Schacht XII. Aber dem steht ein ums andere Mal der Denkmalschutz im Weg.

Die Kühltürme der Kokerei sind im Grundriss achteckig, genietete Stahlkonstruktionen, die sich über riesigen Stahlbetontassen auftun. Die Stahlkonstruktion ist auf mächtigen, massiven Betonstelzen verankert. Gewaltige rotbraune Pumpenrohre und Leitungen führen in die Betontassen. Ursprünglich waren sie von Holzgerüstbauten umkleidet, die aber 2008 wegen massiver Risse und Bauschäden komplett demontiert wurden. 2011 wurden die Stahlkonstruktionen grundlegend restauriert und neu stabilisiert.

Ein dritter, kleinerer Kühlturm trägt noch die ursprüngliche Holzverkleidung. Holz deshalb, weil es nicht rostet. Die drei 1958 vom Architekten Fritz Schupp in Stahlbetonweise gebauten Ventilatorenkühler zur Wasserkühlung, die den Kühltürmen vorgelagert sind, sind mit fünf, acht und zwölf riesigen Ventilatoren versehen, bei denen man die Rotorblätter und Düsen hinter einer Vergitterung noch gut erkennen kann.

Kühlwasser war nötig, um die Maschinen nicht zu überhitzen. Das sich im Prozess erwärmende Wasser wurde in den Kühltürmen heruntergekühlt und wiederverwendet, um nicht ständig frisches Wasser zusetzen zu müssen. Das warme Wasser wurde im holzumkleideten Kühlturm durch Ventilatoren in die Luft geblasen, um dann einem Sprühnebel gleich beim Herabrieseln in die Tasse abzukühlen und den Kompressoren erneut zugeführt werden zu können.

Adresse Kokerei, Arendahls Wiese, 45141 Essen | Wie komme ich hin? Parkplatz C; Straßenbahn 107, Haltestelle Zollverein; Bus 183, Haltestelle Kokerei; RB 32 und 35, Haltestelle Zollverein Nord | Öffnungszeiten immer zu besichtigen

61 Die Kunstmeile

Skulpturen aus der Schlosserei

Sein Metier waren Schrauben, Muttern, Hammer und Amboss, Werkzeuge der familieneigenen Schonnebecker Schlosserei – und Schrott. Der gelernte Dreher, Schlosser und Metallkünstler Klaus Viehöfer fertigte daraus Kunstobjekte der besonderen Art. Er schweißte, hämmerte und montierte Skulpturen, die er mit Begeisterung auf den Grundstücken seiner Nachbarn platzierte, in deren Vorgärten, am Straßenrand, auf Dächern und Mauern. Auf diese Weise ist die Wengestraße oberhalb des Spielplatzes der Sportvereinigung Schonnebeck 1910, eine kleine, unscheinbare Einbahnstraße, zu einer »Kunstmeile« geworden, die man sich nicht entgehen lassen sollte.

Die Schlosserei an der Wengestraße, unweit der früheren Zollverein-Schachtanlage 3/7/10, die nach vier Generationen und dem Tod Klaus Viehöfers im Sommer 2022 nicht mehr weitergeführt und abgerissen wird, war für den Hobby-Künstler Werkstatt und Atelier gleichermaßen. Hier fertigte er aus vielen Tonnen Altmetall seine skurrilen Objekte. Aus Zahnrädern, Unterlegscheiben, Bolzen, Spitzhacken und Tausenden Schrauben und Muttern.

Nahe der Werkstatt, die Klaus Viehöfer 1968 in vierter Generation von seinem Vater übernahm, steht ein mächtiger, überdimensionierter Förderwagen aus Tausenden Nägeln, geschoben von zwei Bergleuten. Davor eine kleine, aus unzähligen Schrauben und Muttern montierte Ausgabe des Doppelbocks von Schacht XII und ein verschweißtes Konglomerat klassischer Bergbauutensilien: Abbauhammer, Spitzhacke, Ketten, Grubenlampe, Kohlestücke.

Aber an der Wengestraße gibt es noch mehr zu sehen: eine Schildkröte aus Schrauben auf einem Trafohäuschen, Großvater Fritz mit Hufeisen und Amboss, einen Stahlbaum voller Küchenutensilien, auf der Garage die Gorch Fock, auf der sein Vater Hans zur See fuhr. Die meisten Skulpturen sind verzinkt, wirken dadurch silbern, andere sind sandgestrahlt, sollen bewusst rosten.

Adresse Schlosserei Viehöfer, Wengestraße / Ecke Matthias-Erzberger-Straße, 45309 Essen | Wie komme ich hin? Bus 154, 155, 170, Haltestelle Portendieckstraße | Öffnungszeiten immer einsehbar

62 Der KunstSchacht I

Von der Maschinenhalle zum »Menschenhaus«

»Ich hatte das erste Schaudepot auf Zollverein«, sagt der Maler und Objektkünstler Thomas Rother nicht ohne Stolz und Selbstbewusstsein. Und er hat recht. Er und seine Frau Christa waren bereits auf Zollverein aktiv, als das Bergwerk zu Teilen noch in Betrieb war. Anfänglich in der Kompressorenhalle von Schacht XII, dem heutigen »Casino«, und schließlich ab 1991 im ehemaligen Maschinenhaus auf Schacht 1/2/8, einem 1903 im Stil des Historismus errichteten Gebäudemonstrum mit ausladenden Tonnengewölbedächern, großen Rundbogenfenstern und einem massiven Ziegelmauerwerk, das Gegenteil zur Architektur der Neuen Sachlichkeit von Schacht XII. Alles halblegal am Anfang. »Besetzen Sie den Bau, der wird sonst abgerissen«, stachelte den Künstler und »Anarchisten« Rother der RAG-Vorstandsvorsitzende an, ein CDU-Mann, der »so schwarz war, dass er selbst im Schacht Schatten warf«, und schließlich Rothers Gönner wurde und den Künstler zu einer Art inoffiziellem Treuhänder der Ruhrkohle machte. Die war dabei, mit der industriellen Vergangenheit aufzuräumen. »Bewahren Sie hier die Tradition der Zeche – mit Ihrer Phantasie und unserer Hilfe.« Denn der Abriss stand fest, ohne die »Besetzung« wäre hier heute nur Wiese oder stünde hier eine Siedlung.

Rother durfte von Zechenstilllegungen mitnehmen, was er wollte, schleppte von den Schrottplätzen der Ruhrkohle entsorgte Technik an, sammelte alles, was mit dem Bergbau, den Kumpeln und ihren Familien zusammenhing, rettete ein Stück unwiederbringlicher Bergbaugeschichte. Betritt man das Maschinenhaus, glaubt man, seinen Augen nicht zu trauen. Auf 8.000 Quadratmetern auf verschiedenen Ebenen und in riesigen, bis zu zwölf Meter hohen Räumen stehen, hängen und schweben Tausende Antiquitäten, monströse Geräte bis hin zu filigransten Teilen, vielfach ganz persönliches Interieur der Bergarbeiterfamilien. Ein einzigartiger Fundus, unkatalogisiert, unverkäuflich.

Adresse KunstSchacht Zollverein, Bullmannaue 22, 45237 Essen, Tel. 0201/304881 | Wie komme ich hin? Parkplatz C; Straßenbahn 107, Haltestelle Zollverein oder Abzweig Katernberg; RB 32 und 35, Haltestelle Zollverein Nord | Öffnungszeiten Garten immer einsehbar, Terminvereinbarung zur Innenbesichtigung unter Tel. 0201/304881

63 Der KunstSchacht II

Hier wuchern tonnenschwere Eisenteile

»Ich betrete meine Räume immer wieder aufs Neue, als wäre ich ein Besucher.« Was der 1937 geborene Schriftsteller, Maler und Objektkünstler Thomas Rother in den letzten Jahrzehnten im »KunstSchacht Zollverein« zusammengetragen hat, verblüfft. Rother, der in den gigantischen Räumen und Fluchten der einstigen Maschinenhalle von Schacht 1/2/8 seit 1991 sein Atelier hat, hier malt, werkelt und auch lebt, betont, dass all die Schätze unveräußerlich sind, verkauft werden nur die eigenen Bilder und Objekte. Und von denen findet man hier reichlich.

Irgendwann startete Rother einen Aufruf bei Bergleuten und Bergarbeiterfamilien mit der Bitte, ihm »heilige Barbaras« zu schicken, die Schutzpatronin der Bergleute. 54 Exemplare gingen ein, und so begegnet dem Besucher die Heilige in allen Variationen auf dem 8.000 Quadratmeter großen Terrain, innen und im Garten, einem Skulpturenpark, der den Charme eines kalkulierten Schrottplatzes ausstrahlt. Hier lagert altes technisches Know-how, Maschinen, die von Rother vor der endgültigen Verschrottung durch die Ruhrkohle gerettet wurden. Da stehen der mächtige, rostige Rundeindicker und die stahlharten Bohrköpfe von unter Tage, da sind Loren und Kränen auf alten Schienen. Mahnmale aus der Welt des Industriezeitalters.

Begonnen hat alles mit einem unter die Decke gespannten Seil, an das er Sägen und Bergmannsutensilien hängte. Und dann kam eins zum anderen. Bei einem riesigen Tisch, der von der Ruhrkohle weggeworfen worden war, handelte es sich um eine Spezialanfertigung des Architekten und Designers Sir Norman Foster. Ein anderer, knapp sieben Meter langer Konferenztisch stammt aus dem Headoffice der mächtigen Ruhrkohle. Der befand sich in einem Bau mit Wendeltreppe und wurde eigens in den Räumen angefertigt. Rother rettete das Stück in Gänze. Heute sitzt er an der zehn Zentimeter dicken Eichenplatte und genießt die Mittagsruhe im Chefsessel.

Adresse KunstSchacht Zollverein, Bullmannaue 22, 45237 Essen, Tel. 0201/304881 | **Wie komme ich hin?** Zufahrt über Bullmannaue; Straßenbahn 107, Haltestelle Zollverein oder Abzweig Katernberg; RB 32 und 35, Haltestelle Zollverein Nord | **Öffnungszeiten** Garten immer einsehbar, Terminvereinbarung zur Innenbesichtigung unter Tel. 0201/304881

64 Der Magnet

Das Erwin L. Hahn Institut

Für Schlagzeilen über die Stadt Essen hinaus sorgte die spektakuläre Anlieferung und Installation des knapp 20 Tonnen wiegenden Mega-Magneten, des Kerns des neuen Ultrahochfeld-Magnetresonanztomografen (MRT), im Sommer 2021. Um den mit einer Magnetfeldstärke von sieben Tesla ausgestatteten MRT unterzubringen, der 140.000-mal stärker ist als das Erdmagnetfeld und damit der größte Magnet des Ruhrgebiets, musste in die Außenwand des Gebäudes eine Öffnung eingelassen werden. Fest installiert und mit 420 Tonnen Stahl in den Wänden des Untersuchungsraumes abgeschirmt, bedeutet der neue Ganzkörper-MRT einen Quantensprung für die Forscherteams des Erwin L. Hahn Instituts für Magnetresonanz (ELH), das bereits seit 2006 seinen Sitz im ehemaligen Leitstand der Kokerei hat.

Träger des ELH, benannt nach dem Physiker Erwin L. Hahn, einem Pionier auf dem Feld der Magnetresonanzbildgebung, sind die Universität Duisburg-Essen und die Radboud-Universität im niederländischen Nijmegen. Hinzu kommen zahlreiche externe Forschungsgruppen, die unter anderem auf dem Feld der kognitiven Neurowissenschaften und der klinisch-diagnostischen Bildgebung arbeiten. Der neue MRT bietet eine weitere Steigerung hochauflösender Bilder des gesamten Körpers »in kürzester Zeit und ohne Strahlenbelastung«, für viele medizinische Fachbereiche von unschätzbarem Wert.

Im ehemaligen Leitstand der Kokerei, da, wo bis zur Stilllegung 1993 alle technisch-organisatorischen Fäden der »weißen Seite« der Kokerei zusammenliefen, findet man heute noch originales Interieur. Im großen Konferenzsaal eine Wand mit den Schalttafeln und Prüfgeräten für die Abläufe aller chemischen Prozesse: den Luft-, Erdgas- und Kesseldruck, Leckanzeigen und Wasserstände, Stände der Flüssiggasanlage, die Gasfackel, den Gasometer, die Kühlaggregate, Dampfkessel und Benzollagerbehälter sowie die Koksgas- und Erdgasmengen.

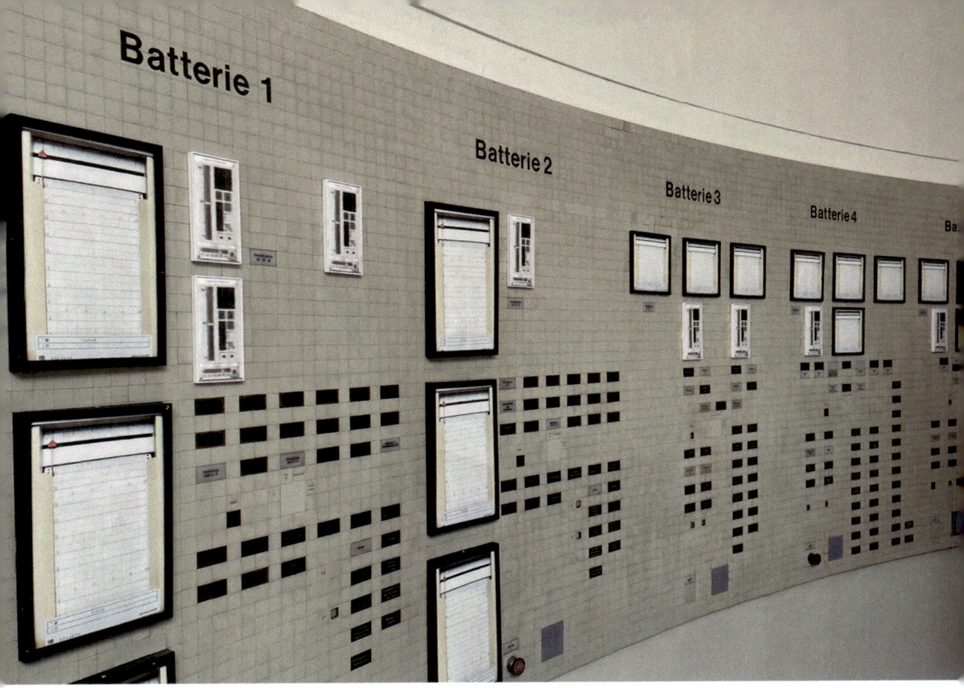

Adresse Erwin L. Hahn Institut für Magnetresonanz (ELH), Leitstand, Kokereiallee 7, 45141 Essen, Tel. 0201/1836067, www.hahn-institute.de | Wie komme ich hin? Parkplätze vorhanden; Straßenbahn 107, Haltestelle Zollverein; RB 32 und 35, Haltestelle Zollverein Nord; Bus 183, Haltestelle Kokerei | Öffnungszeiten von außen jederzeit einsehbar, Führungen bei Zollverein-Veranstaltungen wie ExtraSchicht, Maustag und WissensNacht Ruhr

65 Die Mannschaftsbrücke

Der Weg zur Übertageschicht

Zollverein verfügte auf seinem Areal anfänglich über vier selbstständig arbeitende Schachtanlagen, die schon deshalb notwendig geworden waren, weil sich die Kohlenfelder unter Tage immer weiter ausbreiteten, sich der Abbau von den Schächten entfernte. Den 1848 abgeteuften Schächten 1/2/8 der Gründerschachtanlage an der Bullmannaue folgte 1882 die Schachtanlage 3/7/10 mit dem heutigen Erfahrungsfeld »Phänomania« und dem dort stehenden Fördergerüst. Dann kamen 1891 an der Katernberger Straße die Schächte 4/5/11 hinzu, das heutige Triple Z, und 1897 die Schachtanlage 6/9 an der Hallostraße in Stoppenberg. Im Jahr 1900 arbeiteten auf der Zeche Zollverein 5.000 Bergleute. Alles änderte sich mit dem Bau der neuen Schachtanlage XII. Jetzt wurde die Kohle aller Grubenfelder über den Zentralschacht XII gefördert. Vorher nie erreichte 12.000 Tonnen Kohle Tagesförderung. Alles lief in 610 Metern Tiefe auf der zwölften Sohle zusammen. Das hatte Folgen, vor allem auch für die Bergleute.

Das Konzept für die »Musteranlage« Schacht XII der Architekten Fritz Schupp und Martin Kremmer im Stil der Neuen Sachlichkeit, mit kubischen, aufeinander abgestimmten Gebäudeeinheiten, sah nur noch wenige »sichtbare« Menschen über Tage vor. Hier gab es keine Mannschaftsräume, keine Kaue.

Alle Bergleute hatten sich auf Schacht 1/2/8 einzufinden. Hier fuhren sie über das Fördergerüst von Schacht 1 nach unter Tage, hier wurden die Materialversorgung und die Wetterführung organisiert. Und die Bergleute, die auf Schacht XII über Tage arbeiteten, im Wagenumlauf, in der Lesebandhalle, im Schalthaus, in den Werkstätten, im Kessel- und Kompressorenhaus oder in der Kohlenwäsche, hatten die Schachtanlage XII über die 300 Meter lange Mannschaftsbrücke zu betreten. Der Haupteingang sollte, so das ästhetische Konzept der Architekten, möglichst menschenleer und lediglich Besuchern vorbehalten sein.

Adresse Brücke zwischen Schacht XII und Schacht 1/2/8, Gelsenkirchener Straße 181, 45309 Essen | Wie komme ich hin? Parkplätze A 1, A 2; Straßenbahn 107, Haltestelle Zollverein | Öffnungszeiten immer zu begehen

66 Der Maschinenpark

Bergbau zum Anfassen und Ausprobieren

Die Idee besticht, wenngleich diese Einrichtung auf Zollverein ein wenig am Rande mitzulaufen scheint. Zwischen Zeche und Kokerei, kurz hinter dem Wiegeturm jenseits des Parkplatzes C, tut sich ein Areal auf, das auf den ersten Blick einem geordneten und gestalteten Schrottplatz gleicht. So war es auch gedacht, als es im Rahmen der Ausstellung »Das Zeitalter der Kohle. Eine europäische Geschichte«, die 2018 in der gigantischen Kulisse der Mischanlage der Kokerei zum ultimativen Ende der Epoche des deutschen Steinkohlenbergbaus für Furore sorgte, einen zusätzlichen Fixpunkt im Außengelände darstellen sollte.

Geplant und gestaltet wurde der »Maschinenpark Bergbau« von der »Planergruppe Oberhausen«, Spezialisten für Landschaftsarchitektur, die schon maßgeblich den Zollverein Park mit seinem Gleisboulevard und der Ringpromenade konzipiert hatten. Gezeigt werden sollten die ungewöhnlichen, teils riesigen Maschinen oder deren markanteste Teile, die bisher für Nicht-Bergleute stets unsichtbar waren. Zum einen, weil sie nur unter Tage zum Einsatz kamen, vor allem aber, weil das Gelände von Zollverein für die Menschen von außerhalb stets eine »No-go-Area« war.

Zwischen metallenen Laufstegen, unterteilt in einzelne, mit Kies und Gestein bedeckte Rechtecke, in denen das Grün sprießt, sieht man Maschinenteile, die mitunter nur einen Teil der Monstren zeigen, die im Stollen zum Einsatz kamen und vielfach auch dort verblieben sind. Maschinenteile, die in Gestaltung und Aussehen scheinen, als wären sie nicht von dieser Welt. Der Kohlenhobel, die Walze eines Schrämladers, das Fahrwerk einer Teilschnittmaschine, das Antriebsaggregat der Dieselkatze.

Auf großformatigen Infotafeln werden die Maschinen in ihren ursprünglichen Kontext gesetzt, ergänzt durch Originalfotos, die sie im Einsatz zeigen und damit die Dimensionen des modernen Bergbaus für die Besucher sinnlich begreifbar machen.

Adresse Ahrendals Wiese, Parkplatz C, 45141 Essen, Tel. 0201/246810, www.zollverein.de | Wie komme ich hin? Parkplatz C; Straßenbahn 107, Haltestelle Zollverein; RB 32 und 35, Haltestelle Zollverein Nord; Bus 183, Haltestelle Kokerei | Öffnungszeiten immer zu besichtigen

67 Die Mischanlage

Die Riesenbunker der Kokerei

Hier hatten Menschen nichts verloren. Ein Gebäude als komplette Maschine, als Dreh- und Angelpunkt einer gewaltigen Industrieproduktion. Die Mischanlage, der gigantische Kopfbau der rund einen Kilometer langen Kokerei, ist eines der imposantesten Gebäude auf Zollverein. Ein einzigartiger Betonklotz, ein faszinierendes Architekturdenkmal, wie man es in Deutschland kein zweites Mal findet. Das betonierte Herzstück der Kokerei.

Vom Wiegeturm kommend, wurden täglich über 10.000 Tonnen geförderter Kohle von Schacht XII über die riesigen Laufbänder der Bandbrücken hoch in die Mischanlage transportiert. Hier wurden die verschiedenen Kohlesorten nach Qualität und Konsistenz gemischt und auf die zwölf Trichterbunker verteilt, bevor sie über geschlossene Transportbrücken, stabile Stahlfachwerkkonstruktionen, auf die beiden die Silhouette bestimmenden Kokskohlentürme befördert wurden. Alle Bandbrücken waren über weitere Ecktürme miteinander verbunden. Vom Dach der Öfen aus wurde die Kohle in die Koksöfen gefüllt und zwischen 16 und 18 Stunden bei 1.250 Grad zu Koks gebacken.

Seit 1999 ist die Mischanlage mit ihrer einzigartigen Bunker- und Trichterebene ein faszinierender Ausstellungsbau für Kunst- und Kulturveranstaltungen. Events finden innerhalb der Betonmonster statt, alle Wände sind noch im Originalzustand. Der Schweizer Architekt Jürg Steiner und das Essener Architekturbüro Heinrich Böll und Hans Krabel haben dabei teilweise die Bunkerwände geöffnet, mit neuen Galerien und einem Treppenhaus versehen, ohne dass der ursprüngliche Charakter der Mischanlage in Mitleidenschaft gezogen worden wäre. Hoch oben gelangt man auf eine Panoramaplattform, die einem die ganze Kokerei zu Füßen legt. Man blickt auf die Ofendecke, den Ort, an dem die Kohle durch Füllwagen in die Ofenkammern geschüttet wurde, und die Fotovoltaikanlage auf dem Dach der darunterliegenden Löschgleishalle.

Adresse Kokereiallee 71, 45141 Essen, Tel. 0201/246810, www.zollverein.de | **Wie komme ich hin?** Parkplatz C; Straßenbahn 107, Haltestelle Zollverein; RB 32 und 35, Haltestelle Zollverein Nord; Bus 183, Haltestelle Kokerei | **Öffnungszeiten** von außen immer einsehbar

68 Die Mitmachzeche

Eintauchen in die Welt des Bergbaus

Für Kinder und Jugendliche, aber auch für die begleitenden Eltern ist dieser ganz spezielle Besuch von Zollverein ein Erlebnis. Denn hier in der Mitmachzeche des Denkmalpfades, im Wagenumlauf der Gründerschachtanlage 1/2/8, der ausschließlich diesen ganz speziellen Führungen vorbehalten ist, tauchen die jungen Teilnehmer ein in die Welt des Bergbaus, in die Arbeit der Bergmänner, in die Geheimnisse rund um die Kohle und ihre Förderung unter Tage. Da geht es aktiv zur Sache. Da wird das »Geheimnis der Zeche Zollverein« erkundet, es geht »Mit dem Bergmann durch die Zeche« oder zur »Zechen- oder Familienschicht«.

Seit 2020 bietet Zollverein diese Touren an, mit zunehmendem Erfolg. Die jungen Teilnehmer schlüpfen in die Rolle der Bergleute, werden, je nach Führung, bereits in der Kaue mit Helm, Bergmannsjacke und Grubenlampe eingekleidet, um sich dann in die Welt der echten Kumpel zu begeben. Sie erkunden das Bergwerk, erleben die Gesetze von unter und über Tage, lernen, wie wichtig Teamgeist und Zusammenhalt sind. Vor allem dann, wenn angepackt wird.

In der »Familienschicht in der Mitmachzeche« werden an 13 Stationen spielerisch der Abbau, die Förderung und die Verarbeitung der Kohle demonstriert. Im Wagenumlauf, in dem vieles noch genauso aussieht wie früher, zum Beispiel die Original-Schienenstränge oder die alten Förderwagen, lernen die Kinder und Jugendlichen, wie die Bergleute im Bergwerk gearbeitet haben. Sie bringen die Seilscheiben am Doppelgerüst in Position, begreifen am großen Spielbrett den komplexen Weg des Wagenumlaufs. In der Wagenschmiede werden unmittelbar neben karambolierten Original-Förderwagen Reparaturarbeiten an nachgebauten Modell-Loren vorgenommen. Der simulierte, enge, dunkle Stollen muss gemeinsam vorangetrieben werden. Dutzende massive Holzbohlen werden dabei verbaut und gesichert. Das klappt nur, wenn sich jeder auf jeden verlassen kann.

Adresse Wagenumlauf, Schacht 1/2/8, Bullmannaue 201, 45327 Essen, Tel. 0201/246810, www.zollverein.de | **Wie komme ich hin?** Parkplatz B; Straßenbahn 107, Haltestelle Abzweig Katernberg; RB 32 und 35, Haltestelle Zollverein Nord | **Öffnungszeiten** Besucherzentrum täglich 10–18 Uhr, Führungen im Voraus buchbar

69_Die Moschee

Gebetshaus der türkischen Kumpel

Wenn man etwa auf der Hälfte der Zechensiedlung an der Katernberger Meerbruchstraße durch die Unterführung geht und auf den darüberliegenden Damm steigt, sind es etwa 300 Meter Richtung Gelsenkirchen, bis man an der Schalker Straße einen hervorragenden Blick auf die 1997 eröffnete Fatih Moschee, den einzigen architektonischen Moscheebau in Essen hat, auf die 15 Meter hohe Kuppel und das 30 Meter aufragende Minarett. Nachdem die Vorgängermoschee, eher ein Provisorium, 1995 einem Brandanschlag zum Opfer gefallen war, wurde die neue Moschee mit Hilfe der Gemeinde erbaut. Sie ist heute das Gebetshaus der türkischen Gemeinde Katernberg.

Als die Bundesrepublik Deutschland und die Türkei 1961 einen Vertrag über die Anwerbung türkischer Arbeitskräfte schlossen, um auf diesem Weg eine klaffende Arbeitskräftelücke am deutschen Arbeitsmarkt zu schließen, startete auch die Ruhrkohle AG Ende der 1960er Jahre in Istanbul eine breit angelegte Aktion zur Anwerbung türkischer Bergleute. Die Türken waren noch vor den Italienern und Griechen die größte Gruppe ausländischer Arbeitskräfte im Steinkohlenbergbau. So wie es Jahrzehnte zuvor die polnische Community war. Hunderte türkischer Bergleute kamen auch nach Zollverein, wurden hier heimisch und leben jetzt in der zweiten und dritten Generation im Essener Norden. Auch viele Söhne türkischer Bergleute machten eine Ausbildung im Bergbau.

Nachdem im Ruhr Museum anlässlich des deutsch-türkischen Anwerbeabkommens 2021 Fotografien des Istanbuler Fotografen Ergun Çağatay (1937–2018) mit sensiblen Einblicken in die private und Arbeitswelt seiner Landsleute zu sehen war, folgte 2022 eine weitere Präsentation. »Mustafas Traum« hieß die Ausstellung des deutsch-amerikanischen Fotografen Henning Christoph, die bis Ende Oktober 2022 im Ruhr Museum zu sehen war und sich mit türkischem Leben in Deutschland von 1977 bis 1989 beschäftigte.

Adresse Fatih Moschee, Schalker Straße 23, 45327 Essen, Tel. 0201/3754140 | **Wie komme ich hin?** Parkplatz unmittelbar an der Schalker Straße; Straßenbahn 107, Bus 173, Haltestelle Triple Z (Nienhuser Busch) | **Öffnungszeiten** rund um die Uhr

70_Das Oktogon

Auf dem Fundament des alten Kühlturmhauses

Von den beiden Kühltürmen der Zeche Zollverein, Schacht XII, standen nach der Stilllegung 1986 lediglich noch die achteckigen Auffangtassen aus Beton und die schwerbeschädigten Stahlgerüste, deren Holzverkleidungen, wie sie bei einem Kühlturm der Kokerei noch zu sehen sind, längst abgerissen waren. Die Architekten Heinrich Böll und Hans Krabel, die für den Umbau und die Sanierung der Zeche Zollverein zwischen 1989 und 1995 im Jahr 1998 den Constructec Award und weitere Architekturpreise erhielten, errichteten auf dem achteckigen Fundament der Halle 21 das neue Oktogon, das ursprünglich für das Medieninstitut für Medienkunst der Folkwang Universität gedacht war. Im Zentrum des Baus: die Studiobühne mit einem Durchmesser von 18 Metern und einer Höhe von 14 Metern. Dazu Tagungsräume und Produktionseinrichtungen. Auf das Obergeschoss wurde schließlich das Gerüst des ehemaligen Kühlturms aufgesetzt, das von den Architekten mit einer nach außen zu betretenden Galerie umgeben wurde. Der gesamte Bau wurde mit modernster Technik für die unterschiedlichsten Veranstaltungskonzepte ausgestattet.

Davon profitiert heute die Eventagentur Interartes, die das Oktogon seit 2006 bespielt. Neben Mediengestaltung und Filmproduktionen ist das Oktogon auch Veranstaltungsort für Tagungen und Kongresse, Ausstellungen und große Medienpräsentationen sowie Galas und Hochzeiten. Im Zentrum des »Totaltheaters«: die Studiobühne, die sich über 600 Quadratmeter erstreckt und aus der schnell mal ein Ballsaal oder ein Casino mit Spieltischen wird.

Auf dem Fundament der massiven achteckigen Kühltasse des benachbarten Kühlturms I, dessen Stahlgerüst demontiert wurde, errichteten die Architekten die Heizzentrale (Halle 15) für das gesamte Zechenareal. Durch die verglaste Fassade sieht man die auf einem Betonkubus erbaute Kesselanlage, die abends eindrucksvoll beleuchtet ist.

Adresse Oktogon, Interartes GmbH, Halle 21, Gelsenkirchener Straße 181, 45309 Essen, Tel. 0201/8305000, www.oktogon.tv | Wie komme ich hin? Parkplätze A 1, A 2; Straßenbahn 107, Haltestelle Zollverein; Bus 183, Haltestelle Kohlenwäsche | Öffnungszeiten von außen immer zu besichtigen, innen nach Vereinbarung oder bei Veranstaltungen

71 Das PACT Zollverein

Performance in der alten Waschkaue

Betritt man den Vorraum zum großen Saal, in dem in wenigen Minuten die spektakuläre Performance einer englischen Theatergruppe über die Bühne gehen wird, spürt man den historischen Charakter des Gebäudes und seine einstige Funktion. Die Wände weiß gefliest, unterbrochen von in die Kacheln integrierten Seifenschalen, in denen Seifenstücke liegen. Wie früher, als sich hier in der Waschkaue auf Schacht 1/2/8 täglich bis zu 3.000 Bergleute auf ihre Schicht unter Tage vorbereiteten. In der »weißen Kaue« legten sie ihre Alltagskleidung in Körbe, die sie unter die Decke zogen, und in der »schwarzen Kaue« taten sie dasselbe mit ihrer Arbeitskleidung, bevor sie sich in den Brausebädern den schwarzen Kohlenstaub vom Körper duschten. Die Arbeiterbrausebäder in der 1907 fertiggestellten riesigen Umkleide galten seinerzeit als letzter Schrei, lösten sie doch die bis dahin auf den Zechen üblichen, eher unhygienischen Gemeinschaftsbassins ab.

Überall in der zweigeschossigen Waschkaue, die Schacht 1/2/8 jahrzehntelang »zum Dreh- und Angelpunkt aller Menschen unter Tage auf ganz Zollverein« machte, begegnet man der Historie, auch nach dem Umbau 1999/2000 durch das Frankfurter Architekturbüro Christoph Mäckler zum Kunstraum PACT Zollverein (Performing Arts Choreographisches Zentrum NRW, Tanzlandschaft Ruhr), mit eingebauten Tanzböden und mit modernster Technik. Besonders im heutigen Foyer, diesem lichten, phantasievoll illuminierten, weiß gekachelten, atmosphärisch dichten Raum.

Seit 2002 agiert und performt das PACT als Zentrum für Tanz und Performance, es versteht sich aber auch als »Künstlerhaus« und »Wegweiser« in den Bereichen Theater, Medien und Bildende Kunst. Sogenannte Residenzprogramme werden aufgelegt, in denen nationale und internationale Künstler in den verschiedenen Atelierräumen Stücke vor Ort produzieren, die schließlich im PACT zur Aufführung kommen.

Adresse PACT Zollverein, Choreographisches Zentrum NRW, Bullmannaue 201, 45327 Essen, Tel. 0201/2894700, www.pact-zollverein.de | Wie komme ich hin? Parkplatz B; Straßenbahn 107, Haltestelle Abzweig Katernberg; RB 32 und 35, Haltestelle Zollverein Nord | Öffnungszeiten von außen immer zu besichtigen, innen nach Vereinbarung oder bei Veranstaltungen

72 Der »Palast der Projekte«

Die Kabakovs im Salzlager

Wie bekommt man einen Palast ins Haus? Ein Gebäude ins Gebäude? Glück gehört dazu. Unmittelbar vor der Ernennung von Zollverein zum Weltkulturerbe 2001 wurde das Megaprojekt »The Palace of Projects« im Salzlager der Kokerei installiert. Um den als Kunstobjekt überproportionierten »Palace« ins Salzlager zu hieven, mussten Teile der Wände geöffnet und zusätzlich auf beiden Längsseiten um zwei »trapezförmige Annexbauten« ergänzt werden. Das war der Wunsch der Künstler, um ihrem Objekt im Innern der Halle die richtige Wirkung zu verschaffen und es weiträumig umgehen zu können. Wenige Tage später, mit dem neuen Ehrentitel im Rücken, wäre dieser in seiner äußeren Wirkung zweischneidige Anbau nicht mehr denkbar gewesen. Das Salzlager wurde zur Endstation des »Palastes der Projekte«, nachdem er in den Jahren zuvor schon in London, Madrid und New York gezeigt worden war. So hatte es das seit 1988 in New York lebende russisch-amerikanische Künstlerpaar Ilya und Emilia Kabakov bestimmt.

Jetzt steht die sieben Meter hohe, 23 Meter breite, begehbare Installation seit über zwei Jahrzehnten in der riesigen, 60 Meter langen und knapp 13 Meter hohen ehemaligen Salzlagerhalle der Kokerei, die mit ihren rauen Betonwänden und der stählernen Dachkonstruktion, unter der bis in die 1980er Jahre Dünger aus Ammoniak und Schwefelsäure gelagert wurde, zusätzlich zur Eventhalle umfunktioniert wurde, zum Beispiel als Spielort für die Ruhrtriennale.

Über eine spiralförmige Treppe betritt man die sich in der Höhe verjüngende, mit hellbeigem Tuch überspannte, in sich geschlossene zweistöckige Holzkonstruktion, die, einem Schneckenhaus gleich, als leuchtendes Gebäude das ansonsten dunkle Salzlager dominiert. Hier begegnet man in 16 Räumen 61 Installationen des Künstlerpaares: Phantasiemotiven, fiktiven Projekten, Modellen und Plänen, die in die Zukunft weisen und darauf warten, realisiert zu werden.

Adresse Kokerei, Salzlager, Heinrich-Imig-Straße 11, 45141 Essen, Tel. 0201/246810, www.zollverein.de | Wie komme ich hin? Straßenbahn 107, Haltestelle Zollverein; RB 32 und 35, Haltestelle Zollverein Nord; Bus 183, Haltestelle Kokerei | Öffnungszeiten Fr–So und Feiertage 11–17 Uhr, von außen jederzeit zu besichtigen

73 Das Pestalozzidorf

Heimatlose junge Bergmänner

Wenn man von der Ückendorfer Straße, vorbei an den mehrstöckigen, verzierten Steigerhäusern, in die Schlägelstraße mit den Arbeiterhäusern der Zechensiedlung Kolonie Zollverein III einbiegt und bis zu ihrem Ende fährt, stößt man auf die gänzlich andere Häuserarchitektur der 1952 entstandenen Pestalozzi-Siedlung, die eine eigene kleine Dorfstruktur in Katernberg entwickelte. Eine Siedlung mit flachen, schlichten Gebäuden rund um einen Dorfanger, die aus der Not geboren wurde: Der Zeche Zollverein sollten junge Nachwuchsarbeiter zugeführt werden, die nach dem Zweiten Weltkrieg für die schwere Arbeit unter Tage fehlten.

Ein Programm wurde für Zollverein aufgelegt, Jugendliche aus allen Teilen der Bundesrepublik wurden angeworben, bekamen einen Ausbildungsplatz, Unterkunft, Kost und Logis. Um die jungen Männer zwischen 14 und 21 Jahren unterzubringen, gründete die Zeche Zollverein ein sogenanntes Pestalozzidorf, eine Siedlung nach dem Vorbild der Wohnideen des Schweizer Pädagogen Heinrich Pestalozzi (1746–1827), der zu Beginn des 19. Jahrhunderts Heimstätten für Waisenkinder geschaffen hatte, familienähnliche Strukturen mit pädagogischen Angeboten.

So auch in der Siedlung Im Grund und am Pestalozziweg. 15 Doppelhäuser entstanden für 30 sogenannte Pestalozzi-Familien. Eine Doppelhaushälfte bestand aus einer Küche, einem Gemeinschaftsraum, einem Schlafraum und einer Wohnstube für die Hauseltern – der Ehemann war in der Regel ein gestandener Bergmann auf Zollverein. Die Miete war günstiger als in den üblichen Zechenhäusern. Den Jugendlichen sollten so die Ideale der Zeche und der Lebensalltag eines Bergmanns vermittelt werden. In den ausgebauten Dachgeschossen lebten jeweils bis zu sechs Jugendliche. Zu jedem Haus gehörten, wie auch in den übrigen Zechensiedlungen, eine gemeinschaftliche Anbaufläche und Stallungen für Hühner und Schweine.

Adresse Pestalozzi-Siedlung, Pestalozziweg / Im Grund, 45327 Essen | **Wie komme ich hin?** Bus 183, Haltestelle Viermännerhöfe | **Öffnungszeiten** immer zu begehen

74 Das Phänomania

Erfahrungsfeld an Schacht 3/7/10

Ausprobieren, anfassen, erleben. Das Erfahrungsfeld der Sinne lässt Besucher aller Altersgruppen – natürlich kommen besonders Kinder und Schüler auf ihre Kosten – eintauchen in die Welt sinnlicher Wahrnehmung. Spielerisch und experimentell hören, sehen, riechen und tasten. Basierend auf dem Konzept des Essener Architekten, Künstlers, Philosophen und Pädagogen Hugo Kükelhaus (1900–1984), der so etwas erstmals 1967 anlässlich der Weltausstellung im kanadischen Montreal präsentierte und damit international Aufsehen erregte, hat »Phänomania« das Ziel, mittels Dutzender Stationen, innen und außen, physikalische Gesetze, Naturereignisse und wissenschaftliche Phänomene im wahrsten Sinne des Wortes »hautnah« erlebbar zu machen.

Das Phänomania Erfahrungsfeld im heutigen Bürger- und Handwerkerpark zentriert sich im alten Fördermaschinenhaus der Zeche Zollverein Schacht 3/7/10 inmitten riesiger Maschinen, wo früher die Förderkörbe angetrieben wurden. Zum Außenbereich der Erlebniswelt gehört auch der Förderturm von Schacht 10, das einzige noch begehbare Fördergerüst von Zollverein, das nach 160 Stufen Aufstieg einen phantastischen Blick erlaubt. Eine Attraktion: Man kann das Fördergerüst in schwindelnder Höhe für ein Picknick buchen, mit allem, was dazugehört.

Auf Schacht 3/7/10, rund eineinhalb Kilometer entfernt von der 1847 in Betrieb genommenen Gründerschachtanlage 1 und 2, wurde 1880 mit der Abteufung der Schachtanlage 3 und der Erschließung eines neuen Kohlefeldes begonnen, da die immer länger gewordenen Untertagewege der Gründerschachtanlage nicht mehr richtig mit Frischluft versorgt werden konnten. 1897 folgte mit Schacht 7 ein weiterer Wetterschacht. Die beiden vergleichsweise schmalen Schächte 3 und 7 konnten zu Beginn des 20. Jahrhunderts der Nachfrage nach Kohle nicht mehr standhalten, 1911 begannen die Teufarbeiten für den bedeutend größeren Schacht 10.

Adresse Phänomania Erfahrungsfeld, Schacht 3/7/10, Am Handwerkerpark 8–10, 45309 Essen, Tel. 0201/61799621, www.erfahrungsfeld.de | **Wie komme ich hin?** Straßenbahn 107, Haltestelle Abzweig Katernberg, dann Bus 348, Haltestelle Huestraße | **Öffnungszeiten** von außen immer zu begehen, Phänomania Erfahrungsfeld Sa, So und in den Schulferien täglich 10–17 Uhr (letzter Einlass 15 Uhr)

75 Das Portal

Die Industriekultur des Ruhrgebiets

Das »Portal der Industriekultur« sollte man unbedingt mit einem Besuch des Rundeindickers II beginnen. Dabei handelt es sich um eine dieser beiden ungewöhnlichen Räumlichkeiten auf der 30-Meter-Ebene der komplett erneuerten Kohlenwäsche, deren Pendant, der nach oben mit einer gefächerten Decke überspannte und durch Tageslicht illuminierte Rundeindicker I, vielfach mit Ausstellungen zeitgenössischer Fotografie aufwartet. Der Rundeindicker II bietet halbstündig den 20-minütigen Panoramafilm »Ruhr 360°«, ein gelungenes Opening, das man auf Drehstühlen im gesamten Rund genießen kann. Eine Einführung in die Industriegeschichte des Ruhrgebiets, die den Besucher in den sich vollziehenden Strukturwandel und die Eigenarten seiner Menschen eintauchen lässt. Man gelangt in 1.000 Meter Tiefe, zum Kohleabbau, ist in Zechensiedlungen, erlebt Kultur und Fußball sowie authentische Einlassungen der hier lebenden Menschen. So präpariert, wird der Parcours durchs »Portal der Industriekultur« doppelt spannend.

Seit 2019 laden 18 interaktive Stationen ein, die zahlreichen Highlights der Industrieregion zu erobern, die Zechen, Kokereien, Schiffshebewerke, Brauereien, Chemiewerke und Prachtvillen der Kohle- und Stahldynastien. Dazu gibt es multimedial aufbereitet Einblicke in die Kohle- und Koksproduktion, das Ruhrgebiet in seiner ganzen Vielfalt lässt sich hier sinnlich erfahren, vom Leben in den Zechensiedlungen bis zu den Emotionen in den Fankurven der großen Fußballclubs. Das »Portal der Industriekultur« versteht sich auch als Entree in die »Route Industriekultur«, die ultimative Tour durch eine der spannendsten Regionen Deutschlands, ihre Industriegeschichte und vielfältige nachindustrielle Nutzung. Erklimmt man vom »Portal der Industriekultur« die 45-Meter-Ebene der Kohlenwäsche, gelangt man auf das Panoramadach. Hier entdeckt man in der Ferne die ersten Orte, die es zu erobern lohnt.

Adresse Portal der Industriekultur, Schacht XII, Kohlenwäsche, Gelsenkirchener Straße 181, 45309 Essen, Tel. 0201/246810, www.zollverein.de | Wie komme ich hin? Parkplätze A 1, A 2; Straßenbahn 107, Haltestelle Zollverein; Bus 183, Haltestelle Kohlenwäsche | Öffnungszeiten täglich 10–18 Uhr

76 Der Portalkratzer

Das Ungetüm auf freiem Feld

Eine Kokerei darf niemals abgeschaltet werden, was umgekehrt bedeutet, sie muss rund um die Uhr in Betrieb sein. Das galt natürlich auch für die größte aller Kokereien, die auf Zollverein. Die 304 Koksöfen mussten immer befeuert werden, durften niemals völlig erkalten, das wäre ihr Ende gewesen. Also brauchte man immer eine Kokskohlenreserve für den Fall, dass es auf der Zeche mal zu Produktionsausfällen kam. Und umgekehrt: Produzierte die Zeche mehr Kohle, als die Kokerei verkraften konnte – immerhin brachte es Schacht XII auf eine zuvor nie da gewesene Tagesproduktion von 12.000 Tonnen Kohle –, musste auch die auf Halde vorgehalten werden.

Die Kokskohle der Zeche machte den Löwenanteil der täglichen Förderung aus, die aus der Kohlenwäsche über gigantische Bandbrücken zum Wiegeturm gelangte, gewogen und dann über das lange Förderband hoch in die Mischanlage der Kokerei transportiert wurde. Ein immerwährender Prozess, lückenlos durchgeplant. Und da kam der Portalkratzer ins Spiel, dieses weitläufig umzäunte Riesenungetüm nahe dem Wiegeturm, das heute den meisten Menschen ein Rätsel aufgibt. Konstruiert und gebaut von der Gustav Schade Maschinenfabrik, einem 1880 gegründeten Dortmunder Unternehmen für Fördertechnik, wurde er 1973, mit Inbetriebnahme der letzten Ofenbatterie der Kokerei, auf dem Kohlenlagerplatz installiert.

Der Portalkratzer überspannte die Halde weit ausladend, einer Brücke gleich, auf zwei gegenüberliegenden Fahrwerken. Die wie aus einem Science-Fiction-Film gefallene Konstruktion lässt sich anders betrachten, wenn man sich die unter ihr mit Kokskohle getürmte Halde dazudenkt. Der Portalkratzer konnte die Kokskohle durch einen »Absetzer« von den Förderbändern nehmen, sie zur Zwischenlagerung zur Halde türmen und nach Bedarf mit den Schaufeln für den Haldenabbau auf das laufende Förderband zur Mischanlage der Kokerei auflegen.

Adresse zwischen Schacht XII und Kokerei, neben dem Wiegeturm, 45327 Essen, www.zollverein.de | Wie komme ich hin? Parkplatz C; Straßenbahn 107, Haltestelle Zollverein; Bus 183, Haltestelle Kokerei | Öffnungszeiten immer zu besichtigen

77 Die RAG-Stiftung

Die Erben der Kohle-Ära

Am südwestlichen Ende des weitläufigen Kokerei-Areals, in der Verlängerung der Kühltürme und der Gasbodenfackel der »weißen Seite«, erstreckt sich vor dem angrenzenden Wäldchen der 2018 eröffnete Neubau der RAG-Stiftung und der RAG AG. Den lang gezogenen, gewinkelten Bau, der sich an die strengen Vorgaben der vorhandenen Architektur des Welterbes anlehnen musste, charakterisieren die typischen Fensterbänder und die rostrote Außenfassade. Der Clou des Entwurfes der Aachener kadawittfeldarchitektur aber ist eine durchgehende Dachbegrünung. Der üppig bepflanzte Dachgarten lässt sich über eine ausladende Freitreppe begehen. Über zwei zusätzlich begrünte Innenhöfe gelangen die Mitarbeiter der RAG aufs Dach mit in sich geschlossenen Spazierwegen, Sitzgelegenheiten und dem Blick auf die Kokerei.

Der 2007 gegründeten RAG-Stiftung kommt eine Schlüsselstellung für das nachbergbauliche Ruhrgebiet zu. Als Muttergesellschaft und Rechtsnachfolgerin des 1968 ins Leben gerufenen Bergbaukonzerns Ruhrkohle AG (RAG), in dem damals rund 230.000 Menschen in 60 Zechen und Kokereien arbeiteten, darunter Zollverein, ist sie nach dem Ende des deutschen Steinkohlebergbaus 2018 verantwortlich für die »Ewigkeitskosten«, also für alle Maßnahmen von Bergbaufolgen: die Durchführung der Grubenwasserhaltung, notwendige Poldermaßnahmen (Eindeichen), die Grundwasserhaltung an kontaminierten Standorten vor allem an ehemaligen Kokereien sowie die Beseitigung von Bergschäden durch Absenkungen der Erdoberfläche, Schäden an Gebäuden, Industrieanlagen und Infrastruktureinrichtungen. Die RAG-Stiftung ist mit über 22 Milliarden Euro Stiftungsvermögen die wohl finanzstärkste ihrer Art in Deutschland. Dazu hält sie eine Mehrheitsbeteiligung am Spezialchemiekonzern Evonik und besitzt mit der Wohnungsbaugesellschaft Vivawest 120.000 Wohnungen ehemaliger Zechensiedlungen an Rhein und Ruhr.

Adresse RAG-Stiftung, Im Welterbe 10, 45141 Essen, Tel. 0201/3783333, www.rag-stiftung.de | **Wie komme ich hin?** Straßenbahn 107, Haltestelle Zollverein; RB 32 und 35, Haltestelle Zollverein Nord; Bus 183, Haltestelle Kokerei | **Öffnungszeiten** von außen immer zu besichtigen

78 Der Red Dot

Extravagantes Design im Kesselhaus

Schon der Gang zum Kesselhaus rechts ab vom Ehrenhof hat etwas Erhabenes, wenn man sich an den Werkstätten und dem Kompressorenhaus vorbei auf das kaskadenhafte Gebäude, das asymmetrisch gestaltete, 30 Meter hohe ehemalige Kesselhaus, zubewegt. Innen verschlägt es einem den Atem. Steigt man die Freitreppe aus dem modernen Foyer hinauf und lässt die schwere Stahltür hinter sich, steht man inmitten einer langen, 23 Meter hohen Flucht, der sogenannten Schürerhalle, zwischen beiderseits riesigen Kesseln, Öfen, Rohren und Verschraubungen. Und von der Decke hängt mittig ein Audi Quattro herab, schwebend, perfekt illuminiert in silberglänzendem Design.

Das einstige Kesselhaus, die alte Energiezentrale von Zollverein, wurde 1995/96 vom britischen Architekten Norman Foster über fünf Etagen und 4.000 Quadratmeter zum Red Dot Design Museum umgebaut, zur weltweit größten Ausstellung zeitgenössischen Designs. Inmitten historischer Industriearchitektur und ehemals hochkomplexer Antriebsmaschinen findet man, raffiniert in die teilweise aufgeschnittenen Kessel eingebaut und arrangiert, mit spannenden Sichtachsen und Blicken, rund 2.000 Exponate aus den Bereichen Kommunikations- und Automobiltechnik und Hightech sowie alltägliche Gebrauchsgegenstände. Anspruchsvollstes Produktdesign, immer in einen Entwicklungskontext gestellt, teilweise zum Anfassen und Ausprobieren: formschöne Möbel, Computer und Roboter, Medizintechnik, Autointerieur, ein extravaganter Helikopter.

Alle Objekte in diesem Museum wurden mit dem renommierten Red-Dot-Qualitätssiegel ausgezeichnet, dem Red Dot Design Award, einer der begehrtesten Auszeichnungen internationaler Designwettbewerbe. Eine Besonderheit: Zur Eröffnung des Museums 1997 wurde eine »Kesselhaus Suite« (Dirk Reith) komponiert, eine »Raummusik« für achtstimmiges Lautsprecherorchester, die noch heute täglich um 15.45 Uhr im Museum zu hören ist.

Adresse Red Dot Design Museum, Gelsenkirchener Straße 181, 45309 Essen, Tel. 0201/3010460, www.red-dot-design-museum.de | Wie komme ich hin? Straßenbahn 107, Haltestelle Zollverein | Öffnungszeiten Di–So 11–18 Uhr

79 Die Restaurants

Abtauchen in der Industriekulisse

Sitzt man draußen vor dem Kokerei-Café im 300 Quadratmeter großen Biergarten unterhalb der riesigen Aufbauten der Mischanlage, schaut man durch eine Schleuse auf das Wasserbecken entlang der 600 Meter langen Koksofenbatterie, deren Öfen sich im Wasser spiegeln, was eine Einkehr hier bereits lohnenswert macht. Das Café der Kokerei liegt inmitten dieser Industriekulisse und ist somit Teil der gigantischen Mischanlage.

Im Erdgeschoss des Cafés und Restaurants »die kokerei« ragt in der rustikalen Beton-Architektur der Mischanlage besonders die Bar hervor, deren Basis aus einer umgerüsteten historischen Maschine besteht. Über eine Eisentreppe gelangt man in das Obergeschoss, einen bunkerähnlichen Raum, in dem zwei weitere Maschinen stehen und allerlei historische Werkzeuge zu sehen sind. Und unter der massiven Betondecke hängt ein Kronleuchter. Bizarr: Durch eine verglaste Wand blickt man in die unvergleichliche Trichterhalle der Mischanlage. Das Kokerei-Café ist auch eine ungewöhnliche Location für ganz spezielle Festivitäten, von der Geburtstagsparty bis zur Hochzeitsfeier.

Das Pendant zum Kokerei-Café ist auf der Schachtanlage XII der Zeche das Ende 2019 eröffnete Restaurant »the mine« im südlichen Fördermaschinenhaus unweit des Doppelgerüstes und der orangefarbenen Rolltreppe zum Ruhr Museum. Inmitten der rustikalen Architektur, zwischen wuchtigen Betonwänden, die noch die originalen Strukturen zeigen, hohen Decken und riesigen Stahlträgern sowie zahlreich zusammengetragenen Utensilien aus der Welt der Bergleute trifft man auf eine saisonal orientierte Küche. Vor dem Restaurant erstreckt sich eine Außenterrasse mit 130 Plätzen, die allesamt einen vortrefflichen Blick auf Teile der Industriekulisse freigeben. Zu besonderen Anlässen steht auch noch die Veranstaltungshalle im Obergeschoss der Fördermaschinenhalle zur Verfügung.

Adresse Café und Restaurant »die kokerei«, Mischanlage, Kokereiallee 71, 45141 Essen, Tel. 0201/8301298, www.die-kohlerei.de; »the mine«, Schacht XII, Fördermaschinenhaus, Gelsenkirchener Straße 181, 45309 Essen, Tel. 0201/36458704, www.the-mine.eu | **Wie komme ich hin?** Zufahrt zum Kokerei-Café: Bus 183, Haltestelle Kokerei; Zufahrt zu »the mine«: Straßenbahn 107, Haltestelle Zollverein; Bus 183, Haltestelle Kohlenwäsche | **Öffnungszeiten** »die kokerei«: Di–Do 12–19 Uhr, Fr–So 12–20 Uhr; »the mine«: Di–Sa 12–22 Uhr, So 12–20 Uhr

80 Die Ringpromenade

Entlang der roten Punkte

Dieses Projekt war in doppelter Hinsicht ein Erfolg. Einmal gab es dem 100 Hektar großen Weltkulturerbe Zollverein eine natürliche, nahezu unsichtbare Orientierungsmarke, zum anderen lässt sich die gewaltige Industriekulisse von Zeche, Schacht XII und 1/2/8 sowie Kokerei mit ihren grünen Halden, dem Skulpturenwald, den spannenden Neu- und Ausbauten sinnlich erfassen. Man fühlt die Wucht und Größe von Zollverein, wenn man die Ringpromenade mit dem Rad umrundet, inlineskatet, joggt oder zu Fuß ergeht, spürt ihre Geheimnisse und ahnt, wie es in der »verbotenen Stadt« einst zugegangen sein muss. Egal, zu welcher Uhrzeit man die Ringpromenade erfährt oder erläuft, ob in den Morgenstunden, wenn die Vögel zwitschern und die Frösche quaken, oder in der Dunkelheit, wenn Hunderte rote Punkte entlang der riesigen Stahlaufbauten den Weg sichern. Man kann die Glut der Koksöfen förmlich fühlen, den Schichtwechsel nachempfinden – der Ort berührt auf magische Weise.

Die dreieinhalb Kilometer lange Ringpromenade rund um das Zollverein-Areal besteht aus einem durch eine metallene Schiene getrennten asphaltierten Rad- und einem mit Kies und Sand bedeckten Gehweg. In das mittige, 20 Zentimeter breite Stahlband sind die LED-Lichtpunkte eingelassen, die rot leuchten und eine romantische Orientierungsmarke bilden. Originelle Rastplätze, überraschende Kunstwerke und spannende Aussichtspunkte lassen den Besucher immer wieder einen Stopp einlegen.

Wer das Gelände nicht erlaufen, sondern lieber mit dem Rad erkunden will, kann sich eines auf Zollverein leihen. RevierRad, gleich hinter dem Eingang zu Schacht XII, rechter Hand des Ehrenhofes und gegenüber von Halle 6, bietet Räder unterschiedlicher Kategorien. Der Vorteil des eigenen Rads: Man kann auch die nahen, von Zollverein geprägten Stadtteile Katernberg und Stoppenberg besuchen sowie die weiteren Schachtanlagen und Zechensiedlungen.

Adresse RevierRad-Station, Zollverein, Schalthaus 2, Gelsenkirchener Straße 181, 45309 Essen, Tel. 0208/8485720, www.revierrad.de | Wie komme ich hin? Parkplätze A 1, A 2; Straßenbahn 107, Haltestelle Zollverein; Bus 183, Haltestelle Kohlenwäsche | Öffnungszeiten täglich 10–18 Uhr; Abgabemöglichkeiten für Räder an den meisten Punkten der Route der Industriekultur bei den RevierRad-Stationen

81 Das Ruhr Museum

Wo das Revier lebendig wird

Schon die knapp zwei Minuten dauernde Fahrt über die außen an der ehemaligen Kohlenwäsche der Schachtanlage XII angebrachte verglaste, orange illuminierte Gangway auf die 24-Meter-Ebene manifestiert einen geradezu genialen Coup der Architekten Rem Koolhaas (Rotterdam) und Heinrich Böll & Partner (Essen), die für die Konzeption und den Umbau dieser gewaltigen Industrieanlage mit ihren mächtigen Bunkern und Trichtern, riesigen Maschinen und Förderanlagen zwischen 2003 und 2006 zum Ruhr Museum verantwortlich zeichnen. Ihr Gedanke: Den Besucher des Museums, das grundsaniert und mit neuester Museumstechnik ausgestattet wurde, von oben nach unten den Weg der Kohle nachgehen zu lassen.

Das im Rahmen der vielfältigen Feierlichkeiten zur Kulturhauptstadt »RUHR.2010« eröffnete Ruhr Museum präsentiert sich auf 5.000 Quadratmetern mit einer eindrucksvollen Dauerausstellung auf drei Ebenen zur Natur-, Kultur- und Industriegeschichte des Ruhrgebiets mit den Schwerpunkten »Gegenwart«, »Gedächtnis« und »Geschichte«. Von der 24-Meter-Ebene aus, dem Entree von Besucherzentrum und Museum, geht es durch das ebenfalls orange illuminierte Treppenhaus des alten Kokskohlenbunkers auf die Zeitreise von der Gegenwart tief hinab in die Vergangenheit.

Die 17-Meter-Ebene zeigt, inmitten des originalen Maschinenparks der Kohlenwäsche, das heutige Ruhrgebiet und seine Menschen, erzählt von Mythen, Erinnerungen und Klischees. Auf der 12-Meter-Ebene geht es um die vorindustrielle Geschichte des Ruhrgebiets, mit vielen wertvollen Exponaten aus Antike und Mittelalter. Über die Zeugnisse der erdgeschichtlichen Entstehung der Kohle vor 300 Millionen Jahren erreicht man die 6-Meter-Ebene, die dem Besucher die Geschichte der Industrialisierung des Ruhrgebiets in vielen spannenden und ungewöhnlichen Ausstellungsstücken nahebringt. Neben dieser Dauerausstellung gibt es immer wieder Sonderausstellungen in eigenen Räumlichkeiten.

Adresse Ruhr Museum, Schacht XII, Kohlenwäsche, Gelsenkirchener Straße 181, 45309 Essen, Tel. 0201/24681444, www.ruhrmuseum.de | Wie komme ich hin? Parkplätze A 1, A 2; Straßenbahn 107, Haltestelle Zollverein; RB 32 und 35, Haltestelle Zollverein Nord; Bus 183, Haltestelle Kohlenwäsche | Öffnungszeiten täglich 10 – 18 Uhr

82 Der Ruhrsandstein

Überraschung am Ende der Sackgasse

»Schachtzeichen« waren Marke und Symbol der »RUHR.2010«, als die Region Ruhrgebiet zur Kulturhauptstadt Europas wurde. Kunstinstallationen visualisierten ehemalige Kohlenschächte und Industriestandorte. Die 300 großen gelben Ballons, die über stillgelegten Schächten und Zechen in bis zu 80 Metern Höhe schwebten, da, wo einst die Fördertürme standen, sollten den Strukturwandel symbolisieren und die »grüne« Ruhrregion sichtbar werden lassen.

Es gab viele Schachtzeichen 2010. Auch der aus Essen-Katernberg stammende Steinmetz und Bildhauer Albert Schmidt schritt zur Tat. Er, der lange Zeit beim DJK Essen-Katernberg 1919 aktiv war und als eines der größten Fußballtalente des Reviers galt und schon deshalb Popularität genoss, modellierte im Auftrag der dortigen Bezirksvertretung auf dem Zechenplatz vor Zollverein Schacht 1, dem ehemaligen Holzlager, einen Stein. Unter den Augen vieler Passanten.

Den drei Tonnen schweren Quader aus Ruhrsandstein, also der Schicht, »durch die sich die Hauer seinerzeit mit allergrößten Anstrengungen und Gesundheitsschäden zu graben hatten, um an das ›schwarze Gold‹, die Kohle, zu kommen« (WAZ 7.9.2010), zieren auf allen vier Seiten Aufschriften und Symbole des Bergbaus, der Zeche Zollverein; aber auch die »Helden von Bern 1954«, Helmut Rahn und Heinz Kubsch, beide aus Katernberg, sind hier verewigt.

Und dann wurde der fertige Quader zum »Stein des Anstoßes«. Die Stiftung Zollverein weigerte sich, aus »künstlerischen Gründen«, wie es hieß, den Stein auf dem Zollverein-Gelände dauerhaft aufzustellen. Erhitzte Diskussionen, Schuldzuweisungen – doch schließlich die einvernehmliche Lösung, mit der auch der Künstler leben konnte. Der Bergbau-Quader fand am Ende der Meerbruchstraße, dieser »typischsten aller Bergarbeiter-Alleen« im Essener Norden, seine Heimstatt, am Sportplatz und Vereinsheim des DJK Sportfreunde Katernberg 13/19 e. V.

Adresse Meerbruchstraße (Sportplatz), 45327 Essen | Wie komme ich hin? Zufahrt von der Zollvereinstraße in die Meerbruchstraße und bis ganz ans Ende, Parkplätze vorhanden | Öffnungszeiten immer einsehbar

83 Die Rundeindicker

Geheimnisse im Unterholz

Unweit der Kohlenwäsche, einige Meter im Wäldchen hinter der Fritz-Schupp-Allee, stößt man auf eine unter Büschen und Gräsern fast versunkene Industrieruine: ein großes, teils wassergefülltes, von Gräsern und Schlingpflanzen überwuchertes betoniertes Rundbecken, von einer Brücke mit Aufbau überspannt, alles in Rostrot. Darunter die Mechanik, die dieses Gebilde erklärt: das sogenannte Krälwerk mit umlaufenden Rechen. Hier wurde der Kohlenschlamm, der aus der Wäsche kommend immer noch erhebliche Mengen an Kohlepartikeln enthielt, auf dem Weg zur Halde noch einmal gründlich geschleudert, um sämtliches »Feinstkorn« durch Entzug von Wasser zu trennen und herauszufiltern. Der eingedickte Schlamm ging dann zurück zur Kohlenwäsche.

In den beiden kompakteren Rundeindickern ganz oben in der Kohlenwäsche wurde ebenfalls der Kohlenschlamm für die Weiterverarbeitung präpariert. Noch heute sieht man in den beiden runden Räumen, einem betonierten Amphitheater gleich, an den Wänden der abgeschrägten Silos und der spitz zulaufenden Trichter mit den abgedeckten Bodenöffnungen die Originalspuren der Produktion, spürt die zentrifugale Kraft der Schwer- und Fliehkräfte, die notwendig waren, um die Kohlefeststoffe von der Flüssigkeit abzusondern, um sie so einzudicken und weiterzuverarbeiten.

Wer allerdings nach dem Innenleben dieser Rundeindicker fahndet, wird in der Kohlenwäsche nicht fündig. Er muss sich auf das Areal von Schacht 1/2/8 begeben, genauer zum KunstSchacht des Malers und Objektkünstlers Thomas Rother. Hier stößt man neben zahlreichen anderen metallenen Monstren auch auf die Zentrifuge des Rundeindickers, die Rother im Zuge der Zechenstilllegung vor der Verschrottung rettete und an der Bullmannaue als Objekt der Industriegeschichte eindrucksvoll platzierte. Kann man das rostige Ungetüm nicht zuordnen, wird man seiner ursprünglichen Funktion nicht gewahr.

Adresse Eingang: Halde hinter der Kohlenwäsche, Friedrich-Schupp-Allee, Schacht XII, 45309 Essen | Wie komme ich hin? Parkplätze A 1, A 2; Straßenbahn 107, Haltestelle Zollverein; Bus 183, Haltestelle Kohlenwäsche | Öffnungszeiten immer zugänglich

84 Der SANAA-Bau

134 Fenster im extravaganten Kubus

Extrem anders in Architektur und Gestaltung und trotzdem passend im Gesamtensemble von Zollverein: der 2006 errichtete extravagante Bau des japanischen Architekturbüros SANAA (Sejima And Nishizawa And Associates), das vier Jahre zuvor einen international ausgeschriebenen Architektenwettbewerb gewonnen hatte. Der Entwurf wurde schließlich vom Essener Architekten Heinrich Böll, der auch maßgeblich für den Umbau der Kohlenwäsche zum Ruhr Museum verantwortlich zeichnete, umgesetzt.

Dem Masterplan für Zollverein von Rem Koolhaas folgend, das Weltkulturerbe auch zu einem Zentrum für Kunst und Design zu machen, entstand unweit von Schacht 1/2/8, am Eingang zur Hauptzufahrt an der Gelsenkirchener Straße / Ecke Bullmannaue, der ungewöhnliche Neubau, der nach anfänglich wechselnder Nutzung 2010 vom Fachbereich Gestaltung der Folkwang Universität der Künste übernommen wurde und gemeinsam mit dem Neubau »Quartier Nord« nun den »Folkwang Campus Welterbe Zollverein« bildet.

Der extravagante, 35 Meter lange, 35 Meter breite und 34 Meter hohe weißgraue Kubus, der von Beginn an als städtebauliches Wahrzeichen und eine Art modernes Entree zum Weltkulturerbe gedacht war, erfüllt diesen Zweck auf ganzer Linie. Er nimmt im Ansatz die historische Architektur der Anlagen von Schacht XII auf und ist doch so anders. Der würfelförmige Betonbau, viergeschossig, mit unterschiedlichen Raumhöhen auf über 5.000 Quadratmetern Fläche und einer nicht einsehbaren Dachterrasse, großräumig, technisch bis ins Letzte ausgetüftelt, versehen mit einer Wärmeversorgung von 28 Grad warmem Grubenwasser der stillgelegten Zechenschächte, besticht durch seine Außenfassade. 134 unterschiedlich große Fenster, alle quadratisch, scheinbar willkürlich und zufällig in die Fassade gesetzt, entsprechen innen einer raffinierten Logik und erlauben nach außen Blicke auf Zollverein wie durch viele Bilderrahmen.

Adresse Folkwang Universität der Künste, SANAA-Gebäude, Gelsenkirchener Straße 209, 45309 Essen, Tel. 0201/18503410, www.folkwang-uni.de | Wie komme ich hin? Parkplätze A 2, B; Straßenbahn 107, Haltestelle Zollverein; RB 32 und 35, Haltestelle Zollverein Nord | Öffnungszeiten täglich 11.30 – 15.30 Uhr, von außen immer einzusehen

85 Der Schacht XII

Mit neuer Dimension zur »Großmacht«

Schacht XII mit dem dominanten Doppelgerüst auf Zollverein, der modernsten Zeche ihrer Zeit, schrieb nach vierjähriger Bauzeit bei der Eröffnung am 1. Februar 1932 Industriegeschichte. Schon von Beginn an war klar: Eine solche Zeche hatte es zuvor nie gegeben. In ihr kulminierten die Rationalisierung und Produktionssteigerung im Bergbau, inszeniert von einer an den Deutschen Werkbund und das Bauhaus angelehnten Architektur der 1920er Jahre, der Neuen Sachlichkeit. Streng gegeneinanderplatzierte, aufeinander bezogene Gebäude, die der konsequent vorgegebenen Arbeitsteilung entsprachen – kubische Baukörper entlang zweier Sichtachsen mit dem alles überragenden 55 Meter hohen »Doppelbock«, der ausschließlich dazu diente, das »schwarze Gold« rund um die Uhr ans Tageslicht zu befördern.

Die jungen Architekten Fritz Schupp (1896–1974) und Martin Kremmer (1894–1945) hatten für die unterschiedlichen Arbeitsabläufe jeweils eigene Gebäude geplant, schachtelartig ineinander verzahnt und maschinell miteinander verbunden. Alles in einheitlicher Stahlskelettbauweise mit vorgehängten Fassaden aus rotbraunem Ziegelstein, mit lichteinlassenden Fensterbändern, die die einzelnen Maschinenparks umhüllen sollten. Entlang der nordsüdlichen Achse, der sogenannten Produktionsstraße, lagen die Schachthalle mit dem darüber thronenden Fördergerüst, in der die in 610 Metern Tiefe mit Kohle gefüllten Förderwagen ankamen, der Wagenumlauf, die Sieberei und die Lesebandhalle, von wo aus die Kohle über Bandbrücken zur Kohlenwäsche gelangte. Auf der westöstlichen Achse, der sogenannten Energiestraße, befanden sich die den »Doppelbock« betreibenden Maschinenhäuser, das Kesselhaus für die Dampferzeugung, die Kompressorenhäuser für die Drucklufterzeugung unter und über Tage, die Werkstätten, die Kühltürme und das Schalthaus als logistische Zentrale für die gesamte Stromverteilung der Zeche.

Adresse Schacht XII, Gelsenkirchener Straße 181, 45309 Essen, Tel. 0201/246810, www.zollverein.de | Wie komme ich hin? Parkplätze A 1, A 2; Straßenbahn 107, Haltestelle Zollverein; Bus 183, Haltestelle Kohlenwäsche | Öffnungszeiten immer zu besichtigen und im Zuge des Denkmalpfades

86_Das Schalthaus

Der »Innovationscampus« in der Schaltzentrale

»Hochspannung! Vorsicht Lebensgefahr!« Im umzäunten »Energiepark«, der elektrischen Freiluftumspannanlage des RWE-Netzes für 110.000 Volt, versehen mit bizarren Leitungen, Trafos, Verteilern und Elektroaggregaten, erreichte der Strom über die Hochspannungsleitung das Bergwerk. Im unmittelbar angrenzenden Schalthaus wurde der Strom gebündelt, nach Bedarf auf 5.000 Volt heruntertransformiert und auf die Gleichstrom-Fördermaschinen der Schächte umgeformt. Das Schalthaus war Dreh- und Angelpunkt der Stromversorgung der gesamten Zeche. Vor hier aus wurden über 400 Maschinen auf Schacht XII und Schacht 1/2/8 sowie die aller anderen Einrichtungen mit Strom versorgt.

Das linker Hand des Ehrenhofes liegende Schalthaus (Halle 2) wurde 1993 renoviert und zu einem Büro- und Veranstaltungsgebäude umfunktioniert. Im Zentrum des aus zwei miteinander verbundenen rechtwinkeligen Stahlfachquadern bestehenden Gebäudes, dem Schalthaus und der Umformerhalle, steht heute, neben der Geschichtswerkstatt und einigen kleineren Büros, der Digital Campus Zollverein e. V., eine vor Ort geborene Idee und Aushängeschild der im Zuge des Strukturwandels neu definierten Rolle Zollvereins als »Innovationscampus«. Das Ziel: Impulsgeber und »Netzwerk-Plattform für Unternehmen und Institutionen sowie zukunftsweisende Initiativen in der Metropole Ruhr« zu sein. Die Klientel: Unternehmen, Institutionen, Hochschulen und Start-ups. In den Räumlichkeiten sind noch zahlreiche Originalstücke aus der Zechenzeit zu sehen: Schaltschränke und Instrumententafeln in der großen Schalthalle, die Umformerhalle wartet mit zwei riesigen historischen Umformern der Siemens-Schuckert-Werke auf. Auch das alte Schalthaus der Kokerei in der Heinrich-Imig-Straße wurde unter Erhaltung einiger historischer Einbauten umgebaut. Darin heute: das »Innovation Center« der weltweit tätigen Unternehmensberatung Accenture.

Adresse Digital Campus Zollverein e. V., Schacht XII, Schalthaus (Halle 2), Gelsenkirchener Straße 181, 45309 Essen, Tel. 0171/7061418, www.campus-zollverein.de | **Wie komme ich hin?** Straßenbahn 107, Haltestelle Zollverein | **Öffnungszeiten** Schalthaus und »Energiepark« immer einsehbar, innen nach Vereinbarung

87 Das Schaudepot

Das begehbare Museumslager in der Salzfabrik

Zollverein ist wahrlich nicht arm an Highlights. Das 2021 eröffnete »Schaudepot des Ruhr Museums« dürfte in dieser Form deutschlandweit einmalig sein. Die Macher nutzten den Umzug des alten Ruhrlandmuseums aus der Essener Innenstadt in die komplett umgebaute, mit neuester Technik ausgestattete Kohlenwäsche, um einen Coup zu landen. Wo in nahezu allen Museen in der Regel nur ein Bruchteil der Exponate in den ständigen Ausstellungen zu sehen ist und die Objekte ansonsten in Kellerräumen oder nicht zugänglichen Depots gelagert werden, hatte die Leitung des Ruhr Museums eine meisterliche Idee: den Umbau eines der vielen alten Industriegebäude des riesigen Zollverein-Areals zu einem für die Öffentlichkeit besuch- und begehbaren Museumslager. Die 1993 stillgelegte Salzfabrik der Kokerei, wo man einst die Nebenprodukte der Koksherstellung chemisch aufbereitete, wurde zum Zentral- und Schaudepot des Ruhr Museums.

Betritt man das Salzlager mit seiner Betonskelettstruktur, tun sich zwei 18 Meter hohe Lichthöfe mit zahlreichen Verbindungsbrücken auf verschiedenen Ebenen auf. Die Innenarchitektur der ehemaligen Salzproduktion blieb weitgehend unberührt, die Depots, Regale und beweglichen Schrankelemente wurden geschickt in die Industriekulisse eingebaut.

Mit dem Panoramaaufzug und ersten Blicken auf die verschiedenen Sammlungsebenen geht es in die oberste Etage, wo der Weg zu den Themengebieten »Natur«, »Kultur« und »Geschichte« beginnt und zurück ins Erdgeschoss führt. Die Geologischen, Archäologischen und Historischen Sammlungen des Ruhr Museums, von der Urzeit bis zur Industriegeschichte der letzten 200 Jahre, sind hier aufgereiht, nummeriert und katalogisiert. Aber man muss keine Sorge haben, dass einen die Fülle des Gezeigten erschlägt. Im Rahmen von Führungen werden Hintergründe und Zusammenhänge transparent erklärt und eingeordnet.

Adresse Schaudepot des Ruhr Museums, Salzfabrik, Heinrich-Imig-Straße 9, 45141 Essen, Tel. 0201/24681400, www.ruhrmuseum.de | Wie komme ich hin? Parkplatz C; Straßenbahn 107, Haltestelle Zollverein; Bus 183, Haltestelle Kokerei Zollverein | Öffnungszeiten öffentliche Führungen Sa, So und Feiertage 11 und 15 Uhr, individuelle Führungen buchbar

88 Die Schornsteine

Der etwas andere Himmelsblick

Die sechs bis zu 98 Meter hohen Schornsteine der Kokerei sind eine Sichtachse der Essener Skyline im Norden der Stadt. Von außen wirken sie, die bis 2019 aufwendig saniert und mit einem LED-Kranz in der Spitze versehen wurden, gewaltig, wie an einer Perlenkette über die gesamte Länge dieses gigantischen Industriekomplexes aufgereiht, verbunden durch ein aufwendiges Kanalsystem zum Ableiten der Rauchgase. Innen haben sie etwas Geheimnisvolles, fast Magisches. Bei einer Führung auf dem Denkmalpfad, die den Besucher durch einen unterirdischen, blau illuminierten Tunnel in den Fuß des 98 Meter hohen Schornsteins 6 an der Mischanlage führt, gibt die Röhre den Blick steil nach oben in den Himmel frei, durch das kleine Loch des sich nach oben hin verjüngenden Kamins. Und wenn man jetzt einen Schrei oder einen Ton ausstößt, auch leise, beginnt ein ungewöhnliches Getöse, besser ein Brummton, ein Echo, das man so noch nicht gehört haben dürfte.

Diese vom Architekten Fritz Schupp Ende der 1950er Jahre entworfenen riesigen Schlote, symmetrisch entlang der 600 Meter langen Koksofenbatterie angeordnet, die beiden äußeren 98 Meter hoch, die vier mittigen 80 Meter, haben jahrzehntelang rund um die Uhr Abgase in die Luft geblasen, hoch über den Siedlungen der Zechenarbeiter, und waren den Menschen doch immer ganz präsent. Die 80 Meter hohen Schornsteine mit einem Durchmesser von knapp sieben Metern, die sich nach oben auf 3,80 Meter verjüngen, entstanden 1960, die 98-Meter-Kamine 1971.

Es erforderte einen ungeheuren Aufwand, die riesigen Kamine zu sanieren und als weithin sichtbares Markenzeichen der Kokerei zu erhalten. Schornstein 3, der auf der Kokerei am längsten aktiv war und kurz vor dem Zusammenbruch stand, musste besonders aufwendig restauriert werden. Er wurde bis auf 25 Meter abgetragen und dann in kleinteiliger Handarbeit mit 250.000 rostroten Ziegelsteinen neu errichtet.

Adresse Kokereiallee, 45141 Essen, Tel. 0201/246810, www.zollverein.de | **Wie komme ich hin?** Parkplatz C; Straßenbahn 107, Haltestelle Zollverein; RB 32 und 35, Haltestelle Zollverein Nord; Bus 183, Haltestelle Kokerei | **Öffnungszeiten** von außen immer sichtbar

89 Der Schreibtisch

Der Firmenpatriarch und seine Arbeiter

Auf diese Idee muss man erst mal kommen. Sich einen wuchtigen Schreibtisch aus Edelhölzern anfertigen zu lassen, dessen schwere Platte auf den Schultern zweier in gebückter Haltung schuftender Bergarbeiter lastet. Der eine mit dem Abbauhammer im Flöz, der andere mit dem Vorschlaghammer. Es handelt sich um den 1912 hergestellten, eineinhalb Meter tiefen und zweieinhalb Meter breiten, mit zahlreichen Ornamenten versehenen Schreibtisch des Herner Industriellen Otto Heinrich Flottmann (1875–1944).

Deutlicher lässt sich das Menschenbild des Firmenpatriarchen, sein Verhältnis zu den Arbeitern, die seinen Reichtum erst ermöglichten, kaum darstellen. Die Klassengesellschaft: Ihr da unten, ich da oben. Es war die Zeit vor dem Ersten Weltkrieg, als Großkonzerne sich in Syndikaten und Kartellen zusammenschlossen, der organisierte Kapitalismus und ihre Interessenvertreter, vor allem aus der Schwerindustrie, die Wirtschaft beherrschten. Ihre Zusammenschlüsse – ob das Rheinisch-Westfälische Kohlensyndikat, das Roheisensyndikat oder der Stahlwerksverband – bestimmten die Preise, regelten die Märkte und unterstützten die politischen Eliten in ihren imperialen Phantasien.

Die Flottmann-Werke stiegen zur Spitze auf, nachdem Otto Heinrich Flottmann 1904 den »Druckluft-Bohrhammer mit Kugelsteuerung und selbsttätiger Umsetzung« erfunden hatte, der den Kohlen- und Erzbergbau sowie den Straßen-, Tunnel- und Schachtbau revolutionierte. Ein Arbeiter allein konnte plötzlich »Berge versetzen«, die neue Technik beim Kohleabbau veränderte die Arbeit unter Tage maßgeblich.

Die Metallgießerei und Maschinenfabrik Flottmann wurde über Nacht reich, 1922 wurde der hunderttausendste Bohrer produziert. 1.500 Menschen arbeiteten bei Flottmann. Dunkles Kapitel der Flottmann-Geschichte: Der Patriarch trat bereits 1931 der NSDAP bei. Die ihm 1935 verliehene Ehrenbürgerschaft der Stadt Herne wurde ihm 2013 wieder aberkannt.

Adresse Ruhr Museum, Schacht XII, Gelsenkirchener Straße 181, 45309 Essen, Tel. 0201/24681444, www.ruhrmuseum.de | Wie komme ich hin? Parkplätze A 1, A 2; Straßenbahn 107, Haltestelle Zollverein; RB 32 und 35, Haltestelle Zollverein Nord; Bus 183, Haltestelle Kohlenwäsche | Öffnungszeiten täglich 10–18 Uhr

90 Die Schurenbachhalde

Abraum in Altenessen

Eine der eindrucksvollsten künstlichen Erhebungen im Ruhrgebiet tut sich im Stadtteil Altenessen auf: die Schurenbachhalde. Hier, wo einst der winzige, inzwischen nicht mehr sichtbare Schurenbach verlief, dicht am Rhein-Herne-Kanal und entlang der A 42, erhebt sich die imposante Bergehalde, die bis zur Stilllegung der Zeche Zollverein 1986 deren zentraler Abraum von Millionen Tonnen Gestein und Schlacke war. Was sich hier, inzwischen einem Naturpark gleich, türmt, fehlt unter der Erde. Man erahnt die riesigen Hohlräume, die Hunderte Kilometer Schächte aller Teufen, tief unter der Stadt.

Die Halde scheint komplett begrünt, renaturiert. Aber weit gefehlt. Erklimmt man die 267 Stufen der vier steilen, in den Berg gesetzten Metalltreppen, die immer da unterbrochen sind, wo sich der Rundgang spiralförmig um die Halde schlängelt und die Radfahrer sich in Serpentinen nach oben schrauben, erreicht man das riesige, leicht gewölbte Plateau der Halde. Eine »Landschaft« in 70 Metern Höhe: Schwarz! Kohlenschwarz! Hier, wo sich ein phantastischer Blick ins Ruhrgebiet auftut, auf die eindrucksvollen Landmarken der großen Städte ringsum und auf Zollverein, den »Doppelbock« und die wie an einer Perlenkette aufgereihten Schornsteine der Kokerei, wächst nichts. Kein Busch, kein Halm.

Und dann steht da das gigantische Kunstobjekt des 1939 geborenen US-amerikanischen Bildhauers Richard Serra als Synonym und Ausdruck für 150 Jahre Industriegeschichte, für Kohle und Stahl im Ruhrgebiet, aber auch für die nachindustrielle Zeit, den Strukturwandel: die »Bramme für das Ruhrgebiet«.

Im Jahr 1998 viele Meter tief in den Abraum gerammt, erhebt sich im Scheitelpunkt der Halde dieser knapp 15 Meter hohe und fast 70 Tonnen schwere Stahlkoloss auf schwarzem Grund. Diese gigantische Stahlplatte, die einen unvergleichlichen Schatten wirft, als Visitenkarte für die Ewigkeit.

Adresse Bramme für das Ruhrgebiet, Schurenbachhalde, Emscherstraße 212, 45329 Essen | Wie komme ich hin? Zufahrt mit dem Auto oder Fahrrad bis zum Ende der Emscherstraße, Parkplätze hinter der Unterquerung der A 42, von dort Treppenaufstieg auf das Halden-Plateau | Öffnungszeiten immer zu begehen

91 Das »schwarze Gold«

Kohle entstand vor 300 Millionen Jahren

Wohlstand und Arbeit der Ruhrregion, aber auch Niedergang und gesellschaftliche Verwerfungen hatten immer mit Kohle zu tun, waren abhängig vom »schwarzen Gold«, das im Gebirge tief unter der Erdoberfläche entdeckt und über ein Jahrhundert lang ausgebeutet wurde. Zollverein galt als eine »Kathedrale« dieses Eingriffs in die Natur, die wirtschaftlichen Aufschwung und Wohlstand über einige Jahrzehnte hinweg ermöglichte, aber der Natur entsprechend zeitlich endlich war.

Dieses so wichtige Basismaterial wurde zur Voraussetzung massenhafter Produktion von Eisen und Stahl, ließ Züge rollen und Maschinen dampfen, heizte bequem Häuser und Wohnungen in kalten Wintern. Allein unterhalb der Zeche Zollverein und ihren Schachtanlagen verlaufen mehr als 150 Kilometer unterirdische Gänge und Tunnel, Flöze und Streben, heute teilweise mit altem Bergematerial verfüllt, vielfach aber auch offen. Ein innerhalb weniger Jahrzehnte organisiertes und bis ins Detail durchstrukturiertes Labyrinth für den Abbau eines in über 300 Millionen Jahren entstandenen pflanzlichen Naturprodukts. Mit Folgen und Kosten für die »Ewigkeit«.

Kohle war Gold und legte mit anderen fossilen Brennstoffen wie Erdgas und Öl die Grundlagen der Industrialisierung. Die schwarzen »Nuggets« – je höher ihr Kohlenstoffgehalt, umso härter und glänzender wurden sie – galten lange als sichere Währung. Kohle wurde klassiert, nach Größe und Gewicht, nach chemischer Dichte und Verwertbarkeit, sie war Basismaterial und Endprodukt. Die Mager- und Esskohle für den Hausbrand, die Fettkohle, wie sie in der Emscherzone und auf Zollverein vorlag, für die Eisen- und Stahlindustrie, die Gasflammkohle für die chemische Industrie. Kohle machte die Industriellenfamilien reich und sicherte ihren Wohlstand über Generationen hinweg bis heute, sie brachte Arbeit in die Region und ein Auskommen für Millionen Beschäftigte.

Adresse Ruhr Museum, Schacht XII, Gelsenkirchener Straße 181, 45309 Essen, Tel. 0201/24681444, www.ruhrmuseum.de | Wie komme ich hin? Parkplätze A 1, A 2; Straßenbahn 107, Haltestelle Zollverein; RB 32 und 35, Haltestelle Zollverein Nord; Bus 183, Haltestelle Kohlenwäsche | Öffnungszeiten täglich 10 – 18 Uhr

92 Die Seilscheiben

Stahlseile für die Förderkörbe

Man kann den vier übereinandergesetzten Seilscheiben, wie sie auf den sogenannten Seilscheibenbühnen hoch oben auf dem Doppelfördergerüst auf Schacht XII als Silhouette auftauchen, ganz nahe kommen, sie anfassen. Zu Beginn des Gleisbetts unterhalb des einstigen Wagenumlaufs, da, wo früher die Kohle verladen wurde, sind zwei Hälften dieser imposanten Ungetüme fest im Boden verankert. Jenseits der Lesebandhalle steht hinter einer Gitterabsperrung eine komplette Seilscheibe mit einem Durchmesser von 6,50 Metern.

Immer muss man die Seilscheiben hoch im Förderturm mitdenken und in Zusammenhang mit ihren Pendants, den Treibscheiben in den beiden elektrisch betriebenen Fördermaschinenhäusern rechts und links des Schachts, sehen, dem nördlichen für die oberen Seilscheiben, dem südlichen für die unteren. Und die waren ständig in Bewegung, waren das Herzstück des Verbundbergwerks, in dem die gesamte, in allen Flözen von Zollverein abgebaute Kohle nach oben befördert wurde. Alle anderen Schächte von Zollverein dienten ab Ende der 1920er Jahre in erster Linie als Wetterschächte, also zur Bewetterung des unterirdischen Labyrinths und für die Seileinfahrt der Bergleute unter Tage.

Im Förderschacht XII kulminierten alle Aktivitäten des Bergwerks, hier generierte das Fördersystem der Zeche seine Höchstleistung. Rund um die Uhr wurde gefördert, durch eine unter Tage perfektionierte Abbau- und Transporttechnik von rund 12.000 Tonnen Rohkohle täglich. Die pro Fahrt mit einer Nutzlast von rund elf Tonnen beladenen Wagen wurden durch mächtige Seile, geführt über die Seilscheiben, mit einer Geschwindigkeit von 17 Metern pro Sekunde nach oben befördert. Zur Weiterbearbeitung, zur Wäsche, zum Transport. Die Seile und die Seilscheiben waren bei der Förderung zuvor nie gekannten, ungeheuren Lasten ausgesetzt, die nur durch das mächtige Doppel-Fördergerüst zu bewältigen waren.

Adresse Schacht XII (Außenbereich), Gelsenkirchener Straße 181, 45309 Essen, Tel. 0201/246810, www.zollverein.de | Wie komme ich hin? Parkplätze A 1, A 2; Straßenbahn 107, Haltestelle Zollverein; Bus 183, Haltestelle Kohlenwäsche | Öffnungszeiten immer zu besichtigen

93_Der Skulpturenwald

Die Außenstelle der Kasseler documenta

Als der Bildhauer Ulrich Rückriem die Zeche Zollverein 1992 durch die Installation seiner monumentalen Granitquader kurzerhand zur Außenstelle der Kasseler documenta 9 erklärte, rückte die ehemalige Halde zwischen Schacht XII und Kokerei und damit ganz Zollverein als neuer Kunststandort ins Bewusstsein der Kunstwelt und der Öffentlichkeit und wurde vor jeder Zweckentfremdung gesichert. Neben dem eindrücklichen »Castell« auf der dunklen Freifläche der Halde trifft man inmitten der bewaldeten Industriebrache, ihrer verwunschenen Wege und geheimnisvollen Pfade, der überraschenden Sackgassen und der plötzlich auftauchenden Bandbrücken immer wieder auf die markanten Granitblöcke des Künstlers.

Die Spezialität Rückriems sind aus Granit geschnittene Bodenskulpturen, die, Monolithen gleich, den öffentlichen Raum erfüllen, vielfach die sie umgebende Architektur aufgreifen, aber auch, in die Natur integriert, von bestechender Wirkung sind. Unverwechselbar. Wer einen dieser monumentalen Granitblöcke sieht, wird auch andere Werke von Ulrich Rückriem erkennen. So auch beim Gang durch den Skulpturenwald, wo man auf ein halbes Dutzend dieser Kunstwerke stößt. Seine Skulpturen tragen immer eine bestimmte Handschrift, sind unverkennbar markant und unverwechselbar, sind das Gegenteil von einfach abgestellten Riesensteinen. So auch am Beginn und am Ende der Treppe zum oberen Bereich der Halde.

Der Bildhauer Rückriem ist ein penibler Handwerker. Er bearbeitet Steinblöcke aus Granit und Dolomit, die er aus Steinbrüchen bezieht. Er spaltet und schneidet seine Steine aus dem Felsen, in geraden Linien und Kanten, geschliffen und poliert, und fügt die Teile dann zu Objekten zusammen. Schnitte und Bohrungen sind bei nahezu all seinen Skulpturen zu sehen und manifestieren das künstlerische Eingreifen in die Materie, so wie es die Montanindustrie jahrzehntelang in die Natur dieser Region getan hat.

Adresse Fritz-Schupp-Allee oder Ahrendals Wiese, 45141 Essen, Tel. 0201/246810, www.zollverein.de | **Wie komme ich hin?** Parkplatz A 1, A 2, C; Straßenbahn 107, Haltestelle Zollverein; RB 32 und 35, Haltestelle Zollverein Nord; Bus 183, Haltestelle Kohlenwäsche oder Kokerei | **Öffnungszeiten** immer zu begehen

94 Das Sonnenrad

»Sonne, Mond und Sterne« in der alten Kokerei

Wenn man den Bogen des Sonnenrads aus dem Gewirr von Koksöfen, Stahlrohren und Schornsteinen hervorragen sieht, könnte man denken, es sei immer schon da gewesen und integrierter Bestandteil dieser gigantischen Industrieanlage. Doch das kann nicht sein. Ein Riesenrad auf einer Kokerei? Ein Fremdkörper! Und doch wirkt das Rad, als wäre es in die hochkomplexe Stahlkonstruktion der Kokerei Zollverein, die bis zu ihrer Stilllegung 1993 mit 304 Koksöfen und einer Tagesproduktion von über 8.000 Tonnen Koks die größte ihrer Art in Europa war, integriert. Und es ist heute, obwohl nicht mehr in Betrieb, weithin sichtbar. Die runden, golden schimmernden Gondeln des Rads – anders als bei herkömmlichen Riesenrädern ohne Nabe und Mittelachse konstruiert und daher transparent – mit ihren zwei Sitzreihen, die man tief im Innern der Koksofenbatterie bestieg, garantierten hoch über der Ofendecke einen einzigartigen Ausblick.

Das Sonnenrad entstand im Rahmen der Ausstellung »Sonne, Mond und Sterne – Natur und Kultur der Energie« in den Jahren 1999 und 2000, nachdem die Schweizer Architekten Jürg Steiner und Partner die Kohlenmischanlage zu einem zentralen Ausstellungsort und Teile der 1.000 Meter langen Kokerei zu einem außergewöhnlichen Industriedenkmal umgestaltet und erstmals einem großen Publikum zugänglich gemacht hatten.

Rund 300.000 Besucher wollten die Ausstellung und vor allem die Kokerei hautnah erleben. Sie ließen sich ein auf einen Parcours, der von der Entstehung der Kohle, die vor 300 Millionen Jahren durch die Sonne geschaffen und durch den Bergbau des Ruhrgebiets ans Tageslicht befördert und in Energie verwandelt wurde, bis zu den neuen Technologien des Nachkohle-Zeitalters reichte. So wurde neben dem Sonnenrad auch die imposante Solaranlage installiert. Allerdings: Der Denkmalschutz verlangt mittelfristig eine Demontage des Sonnenrads.

Adresse Kokereiallee 71, 45141 Essen, Tel. 0201/246810, www.zollverein.de | **Wie komme ich hin?** Parkplatz C; Straßenbahn 107, Haltestelle Zollverein; RB 32 und 35, Haltestelle Zollverein Nord; Bus 183, Haltestelle Kokerei | **Öffnungszeiten** von außen immer einsehbar, Details im Rahmen einer Führung

95 Die Stahlskulpturen

Großes aus gebranntem Schmiedestahl

Auf der sogenannten »Kunstwiese« zwischen Pförtnerhaus und Halle 6, kurz vor der Rad-Station, begegnet man drei imposanten Kunstwerken des im sauerländischen Meschede geborenen Bildhauers Ansgar Nierhoff (1941–2010), der an der Kunstakademie Düsseldorf studierte und überwiegend in Köln arbeitete. Seine künstlerische Spezialität, die ihn auch auf die Kasseler documenta führte: Stahlskulpturen, meist basierend auf geometrischen Grundformen, wuchtig in Gestalt und Ausmaßen, überwiegend in Natur- und Stadträumen platziert. Alle drei Objekte auf Zollverein sind unabhängig voneinander entstanden, zwei von ihnen bilden ein Ensemble.

Die unterschiedlichen, jeweils über drei Meter hohen Blöcke der zweiteiligen Standskulptur aus gebranntem Schmiedestahl, die auf in den Boden eingelassene Stahlplatten aufgesetzt sind, werden Nierhoffs »Streckungen« zugerechnet, von denen der Bildhauer zeitlebens zahlreiche verschiedene und in der Höhe variable Exponate gestaltete. Das Entstehungsdatum der Zollverein-Skulptur ist unbekannt. Die »Streckungen« korrespondieren mit der davor liegenden Bodenskulptur »Von einem Block« von 1988, einem vom Künstler in vier Einzelteile zerschnittenen Eisenblock, der anschließend wieder zusammengefügt wurde. Nierhoff selbst hat die monumentalen Skulpturen auf Zollverein 2008 in Stellung gebracht. In Sichtweise zur klar strukturierten Architektur Fritz Schupps und Martin Kremmers installiert, wollte er sie in eine direkte Korrespondenz mit den rechtwinkeligen Grundrissen der Schachtanlage XII bringen und als Reminiszenz an Kohle und Koks verstanden wissen, die die Produktion hochwertigen Stahls und dessen Formung erst ermöglicht hatten.

Die Stahlskulptur »Das Paar« gelangte 2016, sechs Jahre nach dem Tod des Künstlers, auf die »Kunstwiese«: zwei über vier Meter hohe Stahlstelen, jeweils aus einem Block gefertigt, eine rund, eine eckig.

Adresse Kunstwiese, Schacht XII, vor Halle 6, Gelsenkirchener Straße 181, 45309 Essen, www.zollverein.de | Wie komme ich hin? Straßenbahn 107, Haltestelle Zollverein | Öffnungszeiten immer zu besichtigen

96 Das Stellwerk

Das einstige Logistikzentrum der Kokerei

Diesen Gebäudekomplex am äußersten Rand der Kokerei entdecken viele Besucher erst beim Befahren der Ringpromenade. Dabei kam dem Stellwerk der Kokerei, von dem es nur 200 Meter bis zu Schacht 1/2/8 sind, jahrzehntelang eine Schlüsselrolle zu. Hier wurde die gesamte Logistik der ständig einrollenden und abfahrenden, unendlich langen Güterzüge mit ihren Kokswaggons gemanagt. Das Gleisbett vor dem 1959 erbauten Stellwerk mit dem zwei Jahre später rechter Hand angebauten flacheren zentralen Versandgebäude für den Transport der Kohle, die beide bis zur Stilllegung der Kokerei 1993 in ständigem Betrieb waren, ist heute weitgehend mit Schotter bedeckt. Aber ein noch betriebsfähiges Gleis, angeschlossen an das Netz der Regionalbahn, und ein weiteres, ins Nichts laufende Gleisstück vor dem Stellwerk lassen auf die einstige Betriebsamkeit und Hektik schließen, die hier geherrscht haben müssen. Hier rangierten und fuhren täglich Dutzende Züge zur »schwarzen Seite« der Kokerei.

Über 20 Jahre stand das Stellwerk eher unbeachtet und leer an Arendahls Wiese. Schließlich entdeckte es der gebürtige Katernberger Thomas Pilgrim, der 1993 den ambulanten Kranken- und Altenpflegedienst Humanitas gegründet hatte, als Zentrale für sich und sein Unternehmen. 2015 erwarb er das Stellwerk. Strengen Denkmalauflagen folgend, ließ er es durch den Essener Architekten Thorsten Czech (Architektengemeinschaft HCH) umbauen. Im Innern wurde die ursprüngliche Backsteinfassade freigelegt, und die alten Stellwerker-Schränke und Schalttafeln im Treppenhaus, das zum vollständig verglasten Obergeschoss führt, wurden erhalten. Von hier tut sich ein weiter Blick auf Schacht 1/2/8 und die Kokerei auf. Das Stellwerksgebäude wurde linker Hand um einen Anbau erweitert. Heute arbeiten rund 100 Mitarbeiter für den Humanitas Pflegedienst an den Standorten Essen, Recklinghausen und Gelsenkirchen.

Adresse Humanitas Pflegedienste GmbH (Hauptverwaltung), Arendahls Wiese 263, 45141 Essen, Tel. 0201/2789670, www.humanitas.de | **Wie komme ich hin?** Parkplatz vorhanden; Straßenbahn 107, RB 32 und 35, Haltestelle Zollverein Nord | **Öffnungszeiten** von außen immer zu besichtigen, innen nach Vereinbarung; Humanitas Pflegedienst Mo–Fr 9–17 Uhr

97 Die Stiftskirche

Gottes Segen hoch vom Berg

Geht man den Stoppenberg oder auch Kapitelberg über den dicht begrünten Friedhof hoch zur dreischiffigen, aus Kohlensandstein erbauten Pfeilerbasilika mit dem quadratischen Chorhaus, das an der Stelle steht, an der einst eine heidnische Opferstätte gewesen sein soll, taucht man ein in eine nahezu meditative Welt. Es ist ruhig, man befindet sich weitab des Straßenlärms, hier huschen heute nur die Nonnen des Karmelitinnenordens vorbei, die seit 1965 zurückgezogen hinter hohen Mauern leben und einen Klostergarten und eine Hostienbäckerei betreiben. Ganz im Sinne der heiliggesprochenen Edith Stein, an die im Hof ein skulpturaler Findling erinnert.

Eine Attraktion ist die 1073 von Äbtissin Swanhild gegründete und ein Jahr später vom Kölner Erzbischof Anno II. geweihte Stiftskirche allemal. Anfangs ein Prämonstratenserkloster, wurde die Kirche im 12. Jahrhundert verändert, der heutige Bau wurde 1241 mit dem Westtrakt und der »Nonnenempore« versehen. Die Marienkapelle im nördlichen Seitenchor kam im 15. Jahrhundert hinzu. Stark beschädigt im Zweiten Weltkrieg, ging eine der vier Glocken aus dem 15. Jahrhundert verloren. Die verbliebenen Originale dominieren bis heute das Geläut. Beeindruckend im Innern: der romanische Taufstein aus dem 12. Jahrhundert. Mit der Säkularisation 1803 und der Auflösung des Hochstifts Essen wurde die Stiftskirche zur Pfarrkirche für die Gemeinden im Essener Norden, 1907 aber von der nahen Nikolauskirche am Fuße des Kapitelbergs abgelöst. Die Stiftskirche ist auch Grabeskirche des Münsteraner Domherrn Franz Ferdinand von Wenge, des Gründers der St.-Antony-Hütte in Oberhausen, die als »Wiege des Ruhrgebiets« gilt.

Bergbauschäden ließen in den 1970er Jahren den Stoppenberg um einige Meter sacken, veränderten die Statik der Stiftskirche. Eine Stahlbetonkonstruktion rettete das sehenswerte Gotteshaus vor schweren Schäden.

Adresse Stiftskirche Karmelkloster Maria in der Not, Kapitelberg 1, 45141 Essen, Tel. 0201/211467 | Wie komme ich hin? Straßenbahn 107, Haltestelle Ernestinenstraße | Öffnungszeiten Mo–Sa 6.30–11.30 und 15–18 Uhr, So 7.30–11.30 und 15–18 Uhr

98 Die Stiftung Zollverein

Koordination und Standortplanung

Die Chefs konnten ihre Arbeiter sehen. Täglich zogen Hunderte Bergleute durch die Platanenallee der Bullmannaue, vorbei an der Hauptverwaltung und den Häusern der Direktoren und Angestellten, wenn sie zur Schicht auf Schacht 1/2/8 antraten. Acht Jahrzehnte lang war das 1906 in »herrschaftlichem Stil« erbaute repräsentative Gebäude in der Bullmannaue 11 die Verwaltung von Zollverein und damit das organisatorische und logistische Zentrum dieser größten Zeche des Ruhrgebiets. Hier residierte der allmächtige Zechendirektor als unangefochtener Herr über alle Geschicke über und unter Tage. Er war nur verantwortlich gegenüber den Eigentümern von Zollverein, bis 1920 war das durchgehend die Familie Haniel, danach das Management der Phoenix AG für Bergbau und Hüttenbetrieb, in die Haniel Zollverein eingebracht hatte, um einer drohenden Vergesellschaftung des Bergbaus zu entgehen.

Heute ist die alte Zechenverwaltung – unter Beibehaltung ihres historischen Charakters grundsaniert und technisch auf dem neuesten Stand – Sitz der 1998 von der Stadt Essen und dem Land NRW gegründeten gemeinnützigen Stiftung Zollverein, die für den gesamten Transformationsprozess vom Großunternehmen der Montanindustrie zum modernen Kultur- und Wirtschaftsstandort zuständig ist. Das 2001 zum Weltkulturerbe ernannte, 100 Hektar große Areal mit Zeche und Kokerei bietet heute Denkmalschutz für 65 Gebäude, 200 technische Anlagen, zweieinhalb Kilometer Bandbrücken und 13 Kilometer Rohrleitungen und ist damit das größte Industriedenkmal Europas.

Das Konzept von Zollverein basiert auf dem 2001/2002 erstellten Masterplan des Rotterdamer Architekten Rem Koolhaas. Unter der Maßgabe »Erhaltung durch Umnutzung« sollte das Weltkulturerbe zu einem »Leuchtturm der Industriekultur« werden, der für den Strukturwandel im Ruhrgebiet steht. Jährlich wird Zollverein heute von eineinhalb Millionen Menschen besucht.

Adresse Stiftung Zollverein, Bullmannaue 11, 45327 Essen, Tel. 0201/24681100, www.zollverein.de | Wie komme ich hin? Zufahrt über Bullmannaue oder Haldenstraße; Straßenbahn 107, Haltestelle Zollverein oder Abzweig Katernberg; RB 32 und 35, Haltestelle Zollverein Nord | Öffnungszeiten von außen immer einsehbar

99 Die Taubenklinik

Die verlässlichen Boten des Ruhrgebiets

Das war für Taubenfreunde die Meldung des Jahres: Im März 2022 wurde das Brieftaubenwesen in die Liste des Immateriellen Kulturerbes der UNESCO aufgenommen. Und damit wurden auch die Brieftauben des Ruhrgebiets geadelt, vor allem die Brieftaubenzucht für Wettflüge. Die vieles bestimmende Freizeitbeschäftigung hatte sich im 19. Jahrhundert aus dem Einsatz der Brieftaube im militärischen Nachrichtenwesen entwickelt, wurde zu einem Massenphänomen und gehörte lange fest zur Bergarbeitertradition. In den Bergbausiedlungen hatte fast jedes Haus einen Taubenschlag. Brieftauben, die an ferne Orte gebracht und dann möglichst schnell zum heimatlichen Taubenschlag zurückfliegen mussten, waren die »Rennpferde des kleinen Mannes«. Mit dem Fußball wurde der Brieftaubensport zum sinnstiftenden Vergnügen abseits der harten Arbeit in den Kohlebergwerken und Stahlschmieden. Den Brieftaubenvereinen kam eine ungeheure soziale Bedeutung zu.

Unweit von Zollverein, gleich hinter dem Triple Z an der Katernberger Straße, residiert der Verband Deutscher Brieftaubenzüchter e. V., der heute immer noch 28.000 Brieftaubenzüchter vertritt. Aber, was die wenigsten wissen, hier praktiziert auch die weltweit einzige Taubenklinik. Eine hochmoderne Praxis, Operationsraum, Labor, Röntgengerät, Ultraschall, Ernährungsberatung: Alles zum Wohl der Taube. Ein engagiertes tiermedizinisches Team operiert Renntauben, die beispielsweise in die Fänge von Raubvögeln geraten sind. Ebenso müssen alle Brieftauben, die auf bis zu 300 Kilometer lange Reisen geschickt werden, zuvor gegen lebensbedrohende Virusinfektionen geimpft werden, damit sie gesund und möglichst schnell zurück in ihre Heimatschläge fliegen. Den Taubenzüchtern winken Preisgelder, Urkunden und Pokale, von denen einige im Eingangsbereich der Taubenklinik zu sehen sind, ebenso wie die unbestechlichen Taubenuhren und Zeitmesser.

Adresse Taubenklinik (Verband Deutscher Brieftaubenzüchter e. V.), Katernberger Straße 115, 45327 Essen, Tel. 0201/848390 | Wie komme ich hin? Zufahrt über Katernberger Straße; Straßenbahn 107, Haltestelle Triple Z | Öffnungszeiten Mo, Mi 9.30–12 Uhr, Di, Fr 9.30–12 und 15–17 Uhr, Do 9.30–12 und 15–18 Uhr, Sa 10–12 Uhr

100_Der Taufstein

St. Joseph und die katholischen Bergleute

Mit Stolz sagen heute noch viele ehemalige Bergleute, dass sie in der neugotischen katholischen Kirche St. Joseph in Katernberg getauft wurden, und zwar im geweihten Wasser des historischen Taufsteins. Und der gehört bis heute zum sehenswerten Interieur der vom Kölner Architekten und Kirchenbaumeister Heinrich Nagelschmidt (1822–1902) entworfenen, 1889 geweihten dreischiffigen Kirche. Der Taufstein, ein Geschenk des Gesellenvereins Stoppenberg aus dem Jahr 1890, steht heute, nach wechselnden Standorten innerhalb der Kirche, im Mittelgang des hohen, imposanten Langschiffes. Und dieser Gang hat zum Altar hin ein merkwürdig abschüssiges Gefälle. Im grauen Marmorboden tut sich ein langer Riss auf, der sicherlich nicht vom »falschen Orgelspiel« oder »schrägen Singen« der Gemeinde herrührt, wie der Küster bemerkt. Bergschäden! Die Kirche hat sich gesenkt, so weit, dass verschüttetes Wasser vom Sandsteinbecken des Taufbrunnens, dessen bronzene Abdeckung eine Skulptur Johannes des Täufers ziert, rasch nach vorne fließen würde.

Maßgeblich vorangetrieben wurde der Bau dieser eindrucksvollen Backstein-Basilika, die seit 2021 zur neu gegründeten Essener Großpfarrei Heilige Cosmas und Damian gehört, von den katholischen Bergleuten selbst, die zu Tausenden als Arbeitskräfte in den Essener Norden gekommen und hier sesshaft geworden waren und sich in Knappenvereinen organisierten. Sie wollten ihr eigenes Gotteshaus. Der auf Initiative von Pfarrer Joseph Schüller neu gegründete Kirchenbauverein Stoppenberg sammelte Geld, der Grundbesitzer Hermann Distelbeck übertrug das Land – beiden ist in St. Joseph eine Gedenktafel gewidmet –, der Grubenvorstand der Zeche Zollverein spendete eine hohe Summe, und die Firma Haniel griff ebenfalls tief in die Tasche. Über zwei Millionen Ziegelsteine konnten in den Zollverein nahen Ziegeleien produziert und 84.000 Ringofensteine gekauft werden.

Adresse St. Joseph, Joseph-Schüller-Platz 5, 45327 Essen, Tel. 0201/4364610, www.st.-jupp.de | **Wie komme ich hin?** Straßenbahn 107, Haltestelle Katernberger Markt | **Öffnungszeiten** während der Gottesdienste oder nach Vereinbarung im Küsterbüro unter Tel. 0201/1787239475 oder im Pfarramt unter Tel. 0201/4364610 (Mo 15 – 17 Uhr, Di – Fr 10 – 12 Uhr)

101 Die Telefonzentrale

Reminiszenzen in der Bullmannaue

Betritt man diesen besonderen Kellerraum der ehemaligen Zollverein-Direktion in der Bullmannaue, dann will der so gar nicht in das Gesamtensemble des grundsanierten Sitzes der heutigen Stiftung Zollverein passen. Hinter der Stahltür erwartet einen ein länglicher Raum mit einer Wand voller Kästchen und Schaltflächen mit Hunderten von Steckverbindungen und unzähligen Kabelsträngen. Alles wirkt so, als wären hier bis vor Kurzem noch die Telefonisten tätig gewesen, die hier unaufhörlich verbanden und steckten. Denn hier, in der »Kommandozentrale« der Direktion, der zentralen Telefonvermittlung von Zollverein, lief alles zusammen: eingehende Anrufe von außen und die gesamte zecheninterne Kommunikation. Noch heute hängt fest montiert zwischen all dem Kabelwirrwarr ein weißes Telefon, »Nummer 2799«, das, nimmt man den Hörer ab, nach wie vor ein Amtszeichen gibt. Als wäre der Betrieb dieser weitverzweigten Anlage nicht seit Jahrzehnten eingestellt.

Die zentrale Telefonvermittlung wurde immer von zwei Männern bedient, jahrzehntelang war einer von ihnen der Bruder des Fußballers Helmut Rahn. Hier liefen seit Beginn der 1950er Jahre alle internen Drähte und Verbindungen der Betriebseinheiten von Schacht XII, Schacht 1/2/8 sowie der »schwarzen« und der »weißen« Seite der Kokerei zusammen. Dabei konnten die Vermittler mit Steckverbindungen Kontakt zu allen Betriebsteilen der Zeche aufnehmen, zur Wasserhaltung, zur Schlosserei, zu den Schaltzentralen, zur Kokerei, und unter Tage im Streb anrufen. Über die Steckkästen waren alle internen Telefonanschlüsse miteinander verbunden, lief die schnelle Koordination in Notsituationen, bei Unfällen und Unwettern. Herkömmlich und konservativ wurden die Kontakte geschaltet und gesteckt. Bis zur Stilllegung der Kokerei 1993 und damit dem endgültigen Ende aller Betriebsamkeit des gesamten Zollverein-Komplexes.

Adresse Stiftung Zollverein, Bullmannaue 11, 45327 Essen, Tel. 0201/24681100, www.zollverein.de | **Wie komme ich hin?** Zufahrt über Bullmannaue oder Haldenstraße; Straßenbahn 107, Haltestelle Zollverein oder Abzweig Katernberg; RB 32 und 35, Haltestelle Zollverein Nord | **Öffnungszeiten** von außen immer einsehbar

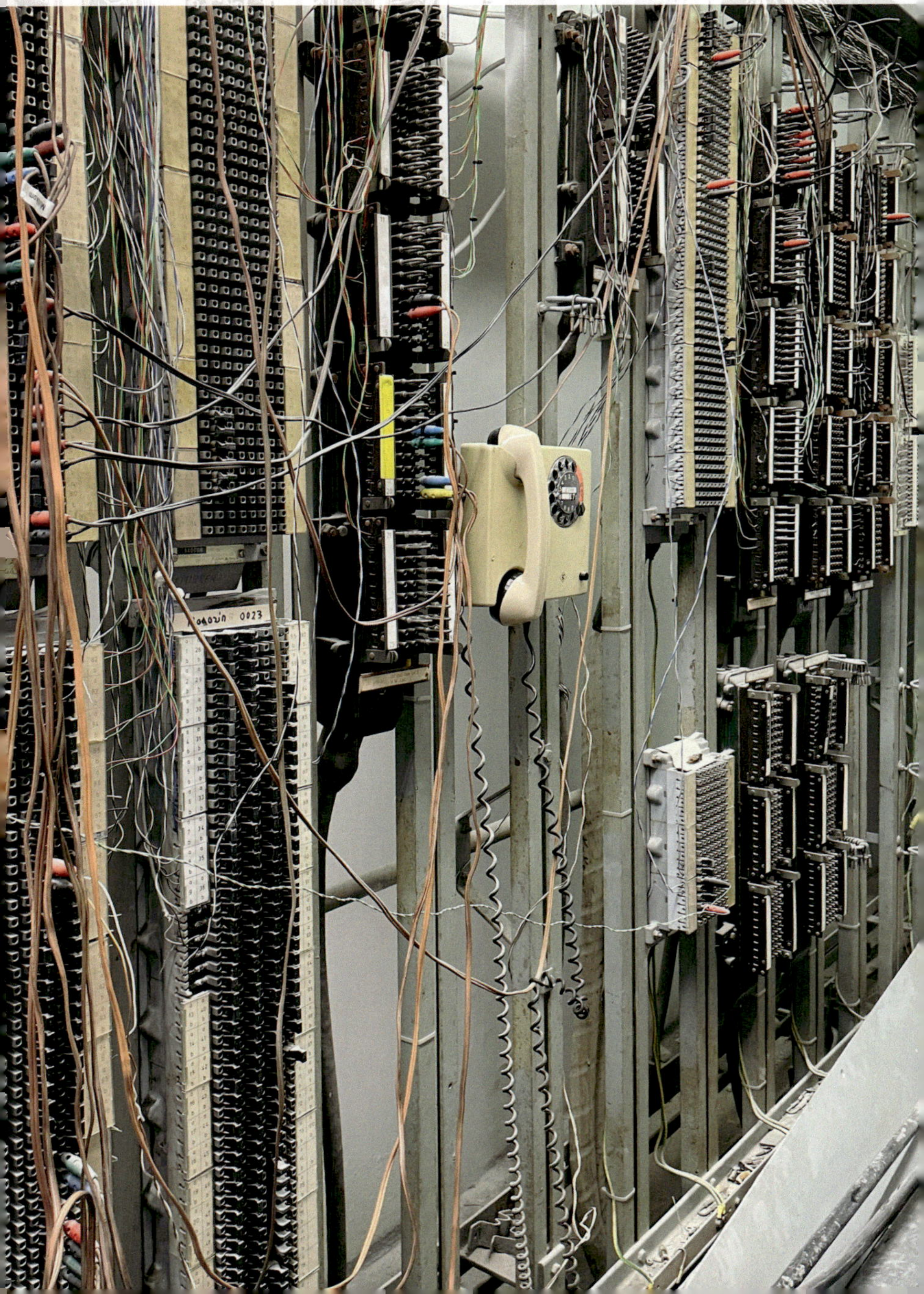

102 Das Triple Z

ZukunftsZentrumZollverein

So kann man eine stillgelegte Zeche mit ihren diversen Schachtanlagen auch gestalten. Anders als Zollverein Schacht 6/9 zwischen Gelsenkirchener- und Hallostraße in Stoppenberg, wo die gesamte Anlage 1985 zugunsten einer Einfamilienhaussiedlung abgerissen wurde, konnte Schacht 4/5/11 an der Katernberger Straße in eine gänzlich andere Nutzung überführt werden. Zwar wurde das Fördergerüst demontiert – man erkennt den alten Standort noch am sichtbaren Sicherheitsventil, der sogenannten Protegohaube über Schacht 11 –, doch die Substanz großer Teile des alten Gebäudeensembles blieb erhalten und wurde Teil des »Essener Konsens«, eines zukunftsweisenden Konzepts zur nachindustriellen Nutzung ehemaliger großer Industrieanlagen.

Initiiert durch die Stadt Essen, die das Gelände der ehemaligen Schachtanlage kaufte, gefördert durch das Land NRW und die EU, setzt die Triple Z AG (das Z steht für ZukunftZentrumZollverein), die sich als Unternehmens- und Gründungszentrum versteht, seit 1996 eine umfangreiche Sanierung aller Gebäudeteile in moderne Büro- und Produktionsflächen sowie Tagungs- und Veranstaltungsräume um. Mit moderner Konferenztechnik für traditionelle Unternehmen und phantasievolle Start-ups der verschiedensten Branchen. Auf 11.000 Quadratmetern vermietbarer Fläche sind rund 100 Unternehmen branchenübergreifend aktiv.

Gesteuert wird das Triple Z von der einstigen »Lohnhalle« im Gebäude 1 aus, in dem sich auch das Bistro für alle hier auf dem Gelände arbeitenden Menschen befindet. Vielfach stößt man im Innern der Gebäude auf original erhaltenes Interieur, lässt sich auf großen Fotos und Tafeln der alten Zeit nachspüren. In der ehemaligen »Waschkaue«, heute ein Konferenzraum, wo sich früher die bis zu 3.000 auf Zollverein 4/5 arbeitenden Bergleute umzogen und wuschen, hängen immer noch die Arbeitsklamotten an Kauenhaken hoch unter der Decke.

Adresse Triple Z, Zollverein Schacht 4/5/11, Katernberger Straße 107, 45327 Essen, Tel. 0201/8872100, www.triple-z.de | **Wie komme ich hin?** Zufahrt über Katernberger Straße; Straßenbahn 107, Haltestelle Triple Z | **Öffnungszeiten** Mo–Do 8–16 Uhr, Fr 8–15 Uhr

103 Die Urkunde

Zollverein ist Weltkulturerbe

Das war ein Paukenschlag von internationalem Rang. 2001 wurde die »Industrielle Kulturlandschaft Zollverein« in die Liste des UNESCO-Weltkulturerbes aufgenommen. In den erlauchtesten Kreis weltweit herausragender und kulturhistorisch bedeutsamster Bauwerke. Der Ritterschlag zeigte aber auch unumkehrbar die Richtung auf, wie sie 1998/1999 von der Internationalen Bauausstellung (IBA) Emscher Park und ihrem damaligen Direktor, dem Stadtplaner und Geografen Karl Ganser (1937–2022), vorgegeben wurde: Nach dem endgültigen Aus der Montanindustrie sollte Zollverein auf dem Weg der Transformation weiter Teile des Ruhrgebiets in eine Kultur- und Technologielandschaft zum »Leuchtturmprojekt« werden.

2002 wurde der Masterplan für den Gesamtausbau von Zollverein durch den Architekten Rem Koolhaas und sein Office for Metropolitan Architecture (OMA), Rotterdam, präsentiert, nachdem die historischen Bauten der Architekten Fritz Schupp und Martin Kremmer von Schacht XII, die als beispielhaftes Zeugnis der industriellen Moderne der 1920er Jahre und als wegweisend für ihre Zeit standen, bereits kurz nach ihrer Schließung 1986 unter Denkmalschutz gestellt worden waren. Wäre es nach den damaligen Plänen der Ruhrkohle AG (RAG) gegangen, wäre die gesamte Schachtanlage abgerissen und in ein Gewerbegebiet umfunktioniert worden. Ein ähnliches Schicksal hätte um Haaresbreite auch die Kokerei und Schacht 1/2/8 ereilt, die erst im Jahr 2000 unter Denkmalschutz gestellt wurden. Jetzt galt es, das gesamte Ensemble unter Beibehaltung wesentlicher baulicher Substanz und der Maschinenparks einer neuen Nutzung zuzuführen, zu einem »integrierten Design- und Kulturstandort« von nationaler und internationaler Bedeutung zu entwickeln. Die Original-Urkunde der UNESCO zur Aufnahme der industriellen Kulturlandschaft in die Welterbe-Liste hängt heute im Vorstandszimmer der Stiftung Zollverein in der Bullmannaue.

Adresse Stiftung Zollverein, Bullmannaue 11, 45327 Essen, Tel. 0201/24681100, www.zollverein.de | Wie komme ich hin? Zufahrt über Bullmannaue oder Haldenstraße; Straßenbahn 107, Haltestelle Zollverein oder Abzweig Katernberg; RB 32 und 35, Haltestelle Zollverein Nord | Öffnungszeiten auf Anfrage und im Rahmen von Führungen, Duplikat im Ruhr Museum

104 Die »Vierspänner«

Bergmanns Zuhause

Beeindruckend ist die seit dem Jahr 2000 unter Denkmalschutz stehende Meerbruchstraße in Katernberg mit ihren rund 50 eineinhalbgeschossigen Häusern, die in Nord-Süd-Richtung wie an einer Perlenkette aufgereiht die Straße mit ihrem alleenhaften Baumbestand säumen und alle die gleiche Architektur aufweisen. Diese für die Siedlungen der Zeche Zollverein ausgelegten Arbeiterhäuser wurden von den Kumpels stets »Vierspänner« genannt.

Das hatte einen Grund: Alle Häuser sind Backsteingebäude aus rötlichem Ziegel, versehen mit einem Satteldach und den typischen Schornsteinen. Und alle eint der sogenannte Kreuzgrundriss. Jedes Haus verfügte über vier separate Wohnungen mit einem eigenen überdachten Eingang an der Giebelseite, denen später kleine Vorbauten hinzugefügt wurden, einem Keller und Zimmern im Erdgeschoss sowie einem sogenannten Mezzaningeschoss, einem ungleichen Zwischengeschoss unterm Dach. Jede Wohnung misst zwischen 60 und 70 Quadratmetern: Wohnzimmer, Küche, zwei kleine Schlafzimmer. Der Raum unter dem Dach wurde üblicherweise an Wander- und Saisonarbeiter der Zeche vermietet.

Hinter jedem dieser Häuser stand, getrennt durch eine schmale Gasse, ein etwas längliches, kleineres, eingeschossiges Wirtschafts- beziehungsweise Stallgebäude, ebenfalls aus rotem Backstein, mit einem zum Garten hin geneigten Dach, in dem die Bewohner Kaninchen, Ziegen und Schweine hielten, das aber auch die sanitären Anlagen, die Klos und Badezuber, beherbergte. Daran schloss sich ein etwa 600 Quadratmeter großer Garten an, der zur Eigenversorgung gedacht war. Und tatsächlich waren die vier Arbeiterfamilien eines Vierspänners weitgehend autark. Auch nach der Privatisierung der Häuser wohnen hier noch zahlreiche Familien, deren Väter und Großväter auf Zeche Zollverein gearbeitet haben. Eine immer wiederkehrende Klage: Der Denkmalschutz untersagt nahezu alle Modernisierungsumbauten.

Adresse Kolonie Hegemannshof, Meerbruchstraße, 45327 Essen | Wie komme ich hin? Zufahrt von der Zollvereinstraße in die Meerbruchstraße und weiter bis ganz ans Ende, Parkplätze vorhanden | Öffnungszeiten immer zu begehen

105 Der Wagenumlauf

Sich das Jawort geben im Bergebunker

Dem Wagenumlauf kommt eine Schlüsselposition in jedem Bergwerk zu. Denn alle von unter Tage mit Kohle voll beladenen Förderwagen müssen über Tage in einem fortlaufenden Prozess entladen werden, um anschließend auf Schienen wieder zum Schacht geführt zu werden und erneut nach unten zu gelangen. Der ringförmige Wagenumlauf von Schacht XII bildete in der 1931 geschaffenen sachlichen, bis ins Detail durchrationalisierten Architektur von Fritz Schupp und Martin Kremmer einen über verschiedene Gebäude hinweg geschlossenen Kreislauf.

Die Förderwagen auf den elektrisch betriebenen Kettenbahnen nahmen dabei, von der Schachtanlage kommend, ihren Weg in die Wipperhalle mit der Sieberei und der Lesebandhalle. Die groben Berge, also alles Gestein, das in der Sieberei oder der Lesebandhalle per Hand von der Kohle getrennt wurde, sowie die Berge, die in der Kohlenwäsche aussortiert wurden, landeten über Transportbänder im Bergebunker, einem quaderförmigen Betonsilo am Ende des Wagenumlaufs. Über ein ausgeklügeltes Weichensystem konnten die geleerten Förderwagen über eine Schrägkettenbahn auch unter die mit Berge gefüllten Bunker fahren, um das unbrauchbare Gestein wieder zurück in den Wagenumlauf und zum Schacht zu befördern, zur unterirdischen Verfüllung der Stollen. Denn mit zunehmender Automatisierung der Abbaumethoden unter Tage wuchs auch der Bergeanteil, also die Menge an Gestein, die mit der Kohle nach oben gefördert wurde.

Wenn heute auf einem im Bergebunker des Wagenumlaufs stehenden Förderwagen »Glückauf« steht, hat das eine doppelte Bedeutung. Es ist einerseits der unverwechselbare Gruß der Bergleute, signalisiert im Bergebunker aber noch etwas anderes: Denn hier, in diesem einzigartigen Industrieambiente, kann hochoffiziell geheiratet werden, mit der Beglaubigung der Essener Standesbeamten. An einigen exklusiven Terminen im Jahr.

Adresse Wagenumlauf, Schacht XII, Gelsenkirchener Straße 181, 45309 Essen, Tel. 0201/246810, www.zollverein.de | Wie komme ich hin? Parkplätze A 1, A 2; Straßenbahn 107, Haltestelle Zollverein; Bus 183, Haltestelle Kohlenwäsche | Öffnungszeiten täglich 10 – 18 Uhr oder im Zuge des Denkmalpfades

106 Die Werksfürsorge

Soziale Einrichtung der Zeche Zollverein

Ärzte und Rechtsanwälte bewohnen heute das Gebäudeensemble, in das 1938 die zehn Jahre zuvor ins Leben gerufene Werksfürsorge 1 der Zeche Zollverein einzog. Ein repräsentativer Bau, der die einstige Holzbaracke am Eingang von Schacht 1/2/8 ablöste. Und vor allem die zunehmende Fürsorge der Zeche für ihre Bergleute und deren Familien demonstrieren sollte. Die Zechendirektion hatte den schon 1285 urkundlich erwähnten Hof des Bauern Schulte up der Hege nahe der bis heute attraktiven Zechensiedlung Theobaldstraße in den 1880er Jahren erworben. Lange diente der Hof als Pferdestall für die Kohlefuhrwerke der Zechenarbeiter. Der Zollverein-Architekt Fritz Schupp schließlich baute den Hof in seiner sachlich geradlinigen Bauweise bedarfsgerecht zur Werksfürsorge um, ergänzt durch zwei Flügelbauten.

Werksfürsorge bedeutete Beratung und Hilfeleistung, vor allem auch wirtschaftliche Hilfe, in erster Linie für die Frauen der Bergleute – 1934 hatte bereits eine Fürsorge an Schacht 3/7/10 eröffnet. Die ausgebildeten »Fürsorgerinnen«, Angestellte der Zeche und »die einzigen angestellten Frauen auf dem Bergwerk«, hielten regelmäßig Sprechstunden für Probleme in allen Lebenslagen ab. Dazu zählten Mütterberatung und Kinderbetreuung, die Organisation von Kur- und Ferienaufenthalten, Haushaltsführung und auch psychologische Beratung.

Die Werksfürsorge, die unmittelbar der Zechendirektion unterstand, entwickelte sich zur Anlaufstelle in allen sozialen Fragen, bot einen Strauß freiwilliger Leistungen, die erst Ende der 1950er Jahre in festgeschriebene, gewerkschaftlich ausgehandelte Formen gegossen wurden. Das bedeutete auch das weitgehende Ende betriebseigener Erholungsheime, Kindergärten, Koch- und Nähschulen. Die Werksfürsorge auf Zollverein schloss 1965 ihre Pforten, das gesamte Sozialwesen wurde nun in firmenunabhängiger Trägerschaft organisiert.

Adresse Viktoriastraße 41A, 45327 Essen | **Wie komme ich hin?** Bus 170, Haltestelle Katernberger Markt | **Öffnungszeiten** immer einzusehen

107 Das Werksschwimmbad

Das schrillste Freibad des Ruhrgebiets

Wenn man die historischen Fotos vom Werksschwimmbad von Zollverein Schacht 11 betrachtet, das eigentlich ein Lösch- und Kühlwasserbassin war, aber mitunter auch von der Zechenbelegschaft und deren Familien, vor allem der Kinder, genutzt werden durfte, möchte man meinen, dass das Werksschwimmbad der Kokerei eine ähnliche Funktion gehabt haben könnte. Weit gefehlt. Ein Schwimmbad beziehungsweise ein großes Kühlbassin gab es auch auf Schacht XII nie und schon gar nicht in der Kokerei. Was also hat es mit dem Werksschwimmbad der Kokerei auf sich, das inmitten einer einzigartigen Industriekulisse wahrscheinlich das originellste Freibad des Ruhrgebiets ist?

Das Werksschwimmbad ist eine »soziale Skulptur« der beiden Frankfurter Künstler Dirk Paschke und Daniel Milohnić, die sie anlässlich des Kunstprojektes »Zeitgenössische Kunst und Kritik« 2001 installierten. Ursprünglich nur für die Dauer der Ausstellung geplant, war das Echo auf das Objekt, vor allem aber seine praktische Nutzbarmachung so überwältigend, dass sich die Verantwortlichen entschieden, den Pool inmitten der Industrieanlage am Kopf der Koksofenbatterie zur Dauereinrichtung zu machen.

Das zwölf mal fünf Meter große und 2,40 Meter tiefe Becken, umgeben von einer Liegefläche aus Holzdielen, abgesichert durch ein Holzgeländer und über eine Treppe zu erreichen, besteht aus zwei auseinandergenommenen und auf der Kokerei zusammengeschweißten Überseecontainern. Das 130 Kubikmeter fassende Bassin hat auf der offenen Seite zum Kokerei-Café hin zwei eingebaute Fenster, sodass man von außen ins Werksschwimmbad schauen kann, tauchende Schwimmer sehen aber auch nach draußen. Die »künstlerische Skulptur« soll auch für den Strukturwandel im Ruhrgebiet stehen: Heute erfrischt man sich in einem Umfeld, das jahrzehntelang von harter Arbeit, ohrenbetäubendem Lärm, unerträglicher Hitze und immerwährendem Staub geprägt war.

Adresse Kokereiallee 71, 45141 Essen, Tel. 0201/246810, www.zollverein.de | **Wie komme ich hin?** Parkplatz C; Straßenbahn 107, Haltestelle Zollverein; RB 32 und 35, Haltestelle Zollverein Nord; Bus 183, Haltestelle Kokerei | **Öffnungszeiten** 25. Juni – 14. Aug. täglich 12 – 20 Uhr, ansonsten immer einsehbar

108_Der Wiegeturm

An der Nahtstelle von Zeche und Kokerei

Eines der längsten, mit einem fortlaufenden Fensterband versehenen Transportbänder auf Zollverein zwischen Schacht XII und der Kokerei passiert die dicht bewachsene Haldenlandschaft des heutigen Skulpturenwaldes, vorbei am riesigen Portalkratzer. Zu ihm führte über einen Eckturm eine weitere Bandverbindung zur Zwischenlagerung mit Kohleabsetzbecken und Kohlelagerplatz. Endstation dieser auf Stahlstelzen stehenden Bandbrücke war der Wiegeturm auf halber Strecke zur Kokerei. In diesem für Zollverein typischen in Stahlfachwerkbauweise erbauten Turm wurde die zur Verkokung bestimmte Kohle der Kokerei übergeben. Zuvor aber wurde sie auf einer speziellen Mess- und Wiegevorrichtung gewogen, mittels zweier Behälter, die abwechselnd mit sieben Tonnen Kokskohle beladen und dann gekippt wurden. So konnte genau ermittelt werden, welche Mengen Kokskohle die Zeche an die Kokerei lieferte. Das diente in erster Linie der internen Protokollierung und Abrechnung. Danach gelangte die Kokskohle auf einer weiteren mit einem durchgehenden Fensterband versehenen, geschlossenen Bandbrücke hinauf zur Mischanlage der Kokerei.

Der Wiegeturm ist das am tiefsten gelegene Gebäude des gesamten Areals von Zollverein. Mit Folgen: Vor einigen Jahren stand das Untergeschoss des Turms meterhoch unter Wasser. Um das Bauwerk zu retten, wurde es, nachdem es trockengelegt worden war, in eine ummauerte Betonwanne aus Sichtbeton eingefügt und ist heute zentraler Anlaufpunkt bei Großereignissen in der zur Ausstellungshalle umfunktionierten Mischanlage der Kokerei.

So wurde der Wiegeturm schon 1999 zum markanten Eingangsbereich der Ausstellung »Sonne, Mond und Sterne« im Zuge der Internationalen Bauausstellung Emscher Park (IBA) in der Mischanlage der Kokerei. Die steile Bandbrücke wurde mit einer aus dem Wiegeturm abfahrenden, in die Kopfstation des fensterlosen Betonbaus fahrenden Standseilbahn versehen.

Adresse Ahrendals Wiese, Parkplatz C, 45141 Essen, Tel. 0201/246810, www.zollverein.de | Wie komme ich hin? Parkplatz C; Straßenbahn 107, Haltestelle Zollverein; RB 32 und 35, Haltestelle Zollverein Nord; Bus 183, Haltestelle Kokerei | Öffnungszeiten immer zu besichtigen

109 Die Wipperhalle

Wo die Arbeit ohrenbetäubend war

Achtung! Ohrenbetäubender Lärm! Hier muss sich der Besucher des Denkmalpfades Kopfhörer aufsetzen. Heutzutage natürlich nur, wenn der Gästeführer, der Interessierte durch die Wipperhalle auf Schacht XII leitet, die Besucher nach Vorwarnung und auf Knopfdruck durch eine Simulation in die Arbeitswelt von früher eintauchen lässt, als hier 12.000 Tonnen Rohkohle am Tag gefördert und aufbereitet wurden. Täglich fuhren hier, von der Schachthalle kommend und von Kettenbahnen gezogen, 15.000 mit Rohkohle beladene Förderwagen. Sie wurden durch vier »Kopfwipper« vollautomatisch gedreht, also auf den Kopf gestellt, auf darunterliegende Förderbänder gekippt und verließen dann entleert auf einer schiefen Ebene die Halle. Alles in einem nicht enden wollenden Arbeitsvorgang, rund um die Uhr. Ein Dauerkrach, der für die Arbeiter unerträglich gewesen sein muss. Dieser Ort gehörte zu den krassesten Arbeitsplätzen auf Zollverein über Tage. Für Besucher ist die akustische Entleerung der Förderwagen in der Wipperhalle eine Demonstration, die lange im Gedächtnis haften bleibt.

Da zusammen mit der Kohle auch Unmengen »tauben« Gesteins gehoben wurden, die sogenannten Berge, war es notwendig, die Kohle von Schiefer und Gestein zu trennen. Das geschah mit Hilfe von Sieben unterhalb der »Kopfwipper«. Die großen Kohlebrocken, aber auch die Berge blieben auf dem Band, kleinere Kohlestücke fielen durch den Rollenrost. Dieses Gemisch aus Kohle und Steinen ging zur weiteren Reinigung, Sortierung und Klassierung in die Kohlenwäsche. Alle großen Kohlestücke und mitgeförderten Gesteinsbrocken liefen auf Bändern in die Lesebandhalle, wo sie von Bergleuten per Hand getrennt und aussortiert wurden. Ein harter und ungeliebter Arbeitsplatz. Große Kohlebrocken fielen gleich in die Eisenbahnwaggons unter der Lesebandhalle. Hauptabnehmer: die Bahn, die sie zur Beheizung ihrer Dampflokomotiven nutzte.

Adresse Wipperhalle, Schacht XII, Gelsenkirchener Straße 181, 45309 Essen, Tel. 0201/246810, www.zollverein.de | Wie komme ich hin? Parkplätze A 1, A 2; Straßenbahn 107, Haltestelle Zollverein; Bus 183, Haltestelle Kohlenwäsche | Öffnungszeiten täglich 10–18 Uhr und im Zuge des Denkmalpfades

110 Die Zechensiedlungen

Der Kumpel und seine Familie

Mit der stetig prosperierenden Kohleförderung musste immer mehr Wohnraum für die Bergarbeiter und ihre Familien möglichst in unmittelbarer Nähe zu den Förderschächten der Zeche geschaffen werden. Drei große Werkssiedlungen gehörten zu Zollverein, die zwischen 1860 und 1920 im damals noch 400 Einwohner zählenden Dorf Katernberg entstanden, das innerhalb weniger Jahre zu einem riesigen Arbeiterquartier wuchs. Zu Zollverein gehörten Wohnungen für über 4.000 Menschen.

Die älteste Arbeitersiedlung, die Kolonie Hegemannshof, war in der Viktoriastraße bereits 1860 bezugsfertig, nachdem der Industrielle Franz Haniel 1856 dem Bauern Hegemann 200 Morgen Land abgekauft hatte. Noch heute sehenswert: die zwischen 1890 und 1895 errichteten rund 50 eineinhalbgeschossigen Bergmannshäuser mit Wirtschaftsgebäuden, bestehend aus einem Anbau für Kleintierhaltung und einem Abort auf der Hofseite, und Selbstversorgergärten in der Meerbruchstraße. Die nur durch einen mitten hindurchführenden Damm unterbrochene, in Nord-Süd-Richtung verlaufende Straße ist der beeindruckende Rest der einst riesigen Siedlung, die in den 1980er Jahren infolge der Kohle- und Stahlkrise zu großen Teilen abgerissen wurde.

Südlich der Schachtanlage 4/5/11 entstand ab 1873 mit der Kolonie Ottekamp – das Land war 1867 vom gleichnamigen Bauern erworben worden – die zweite große Siedlung, zu der 1920 rund 350 Häuser zählten. 65 Backsteinwohnhäuser für vier Parteien mit rückwärtigen Stallgebäuden und rund 600 Quadratmeter großen Selbstversorgergärten sind noch heute im Drokamp zu sehen.

Zwischen 1883 und 1899 wurde im Zuge der Inbetriebnahme der Schachtanlage Zollverein 3 die Kolonie Zollverein III angelegt. 25 Arbeiterhäuser in der Schlägelstraße und einige komfortablere Beamtenhäuser (»Steigerhäuser«) an der Ückendorfer Straße sind erhalten. Alle drei Siedlungen stehen seit 2000 unter Denkmalschutz.

Adresse Meerbruchstraße (Kolonie Hegemannshof), Drohkamp (Kolonie Ottkampshof), Kolonie Zollverein III (Schlägelstraße/Ückendorfer Straße), 45327 Essen | **Wie komme ich hin?** Straßenbahn 107, Haltestelle Triple Z (Nienhuser Busch); Bus 183, Haltestelle Viermännerhöfe | **Öffnungszeiten** immer zu begehen

111 Die Ziegelei

Schlägel und Eisen als stumme Zeugen

In der Haldenstraße 54 begegnet man einem in drei Teile gegliederten dunkelroten Ziegelsteingebäude, das allein durch sein ungewöhnliches Dekor besticht. Steine in unterschiedlichen Farbtönen und mit variierenden Formen zieren die Fassade, eingelassene Bänder, Gauben, Vorsprünge und Rundungen, mehrerlei Fensterformen, ein Terrakottarelief unterhalb des Giebels mit Schlägel und Eisen, Winkel, Lot und Zirkel sind zu sehen. Das Baujahr »1895« ist mit eindeutigem Bezug zum hiesigen Ort geschmückt: Schlägel und Eisen stehen für den Bergbau, Zirkel und Lot für die Baukunst. Ein beeindruckender Bau, dessen Fassade ein Abbild der Produktpalette der Fabrikation zu sein schien. Es handelte sich hierbei um die Verwaltung der einstigen »Dampfziegelei Büscher & Cie.«, an einer Stelle der Haldenstraße, die bis 1934 noch Ziegelstraße hieß.

Aus gutem Grund: Der Geschäftsmann Heinrich Büscher hatte die Herausforderung der Zeit erkannt und in unmittelbarer Nähe zur 1848 in Betrieb genommenen Zeche Zollverein Schacht 1 und 2 im bis dahin dörflichen Katernberg 1876 eine Dampfziegelei gegründet, in deren Brennöfen vor allem auch die für die Bergwerke benötigten form- und feuerfesten Steine hergestellt wurden, Rundziegel für Schlote und Kamine aus für die Zeche wertlosem Tonschiefer aus dem Bergematerial, das die Kohlenflöze überlagerte. Büscher, der 100 Arbeiter beschäftigte, expandierte, baute auf dem Areal jenseits der Zeche zahlreiche weitere Häuser und zog mit seiner Familie selbst in die Direktorenvilla in der Haldenstraße 59.

Der Ziegelfabrikant tat sich auch als Mäzen der expandierenden Arbeitergemeinde Katernberg hervor. Er gründete die Stiftung für »erholungsbedürftige Kinder unbemittelter Eltern aus Katernberg« und eine »Höhere Mädchen-Schule«. Der evangelischen und der katholischen Kirche stiftete er die Ziegel zum Kirchenbau. 1914 machte er die Ziegelei dicht und verzog. Nach dem Abriss der Ziegelei übernahm die Zeche Zollverein alle Büscher-Gebäude an der Haldenstraße.

Adresse Haldenstraße 54, 45327 Essen | Wie komme ich hin? Straßenbahn 107, Haltestelle Zollverein oder Abzweig Katernberg; RB 32 und 35, Haltestelle Zollverein Nord | Öffnungszeiten von außen immer zu besichtigen

1

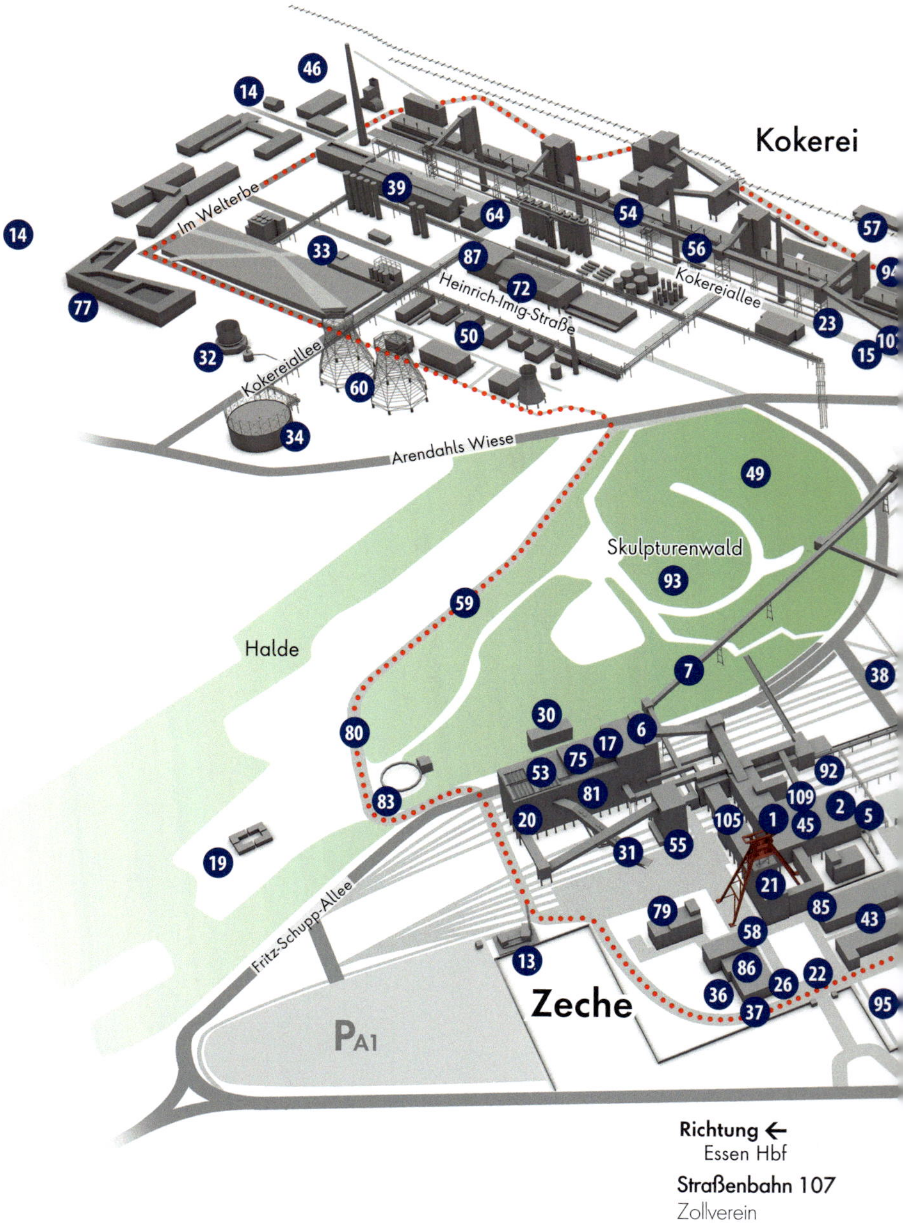
Kokerei
Im Welterbe
Heinrich-Imig-Straße
Kokereiallee
Kokereiallee
Arendahls Wiese
Skulpturenwald
Halde
Fritz-Schupp-Allee
Zeche
PA1
14
46
14
39
64
54
56
57
94
33
87
72
77
23
15
32
50
60
34
49
93
59
7
38
80
30
6
17
75
53
81
92
109
2
5
83
20
105
1
45
31
55
19
21
85
43
79
58
13
86
22
26
36
37
95
Richtung ←
Essen Hbf
Straßenbahn 107
Zollverein

UNESCO-Welterbe Zollverein

81 Ruhrmuseum: 12 41 44 48 52 89 91

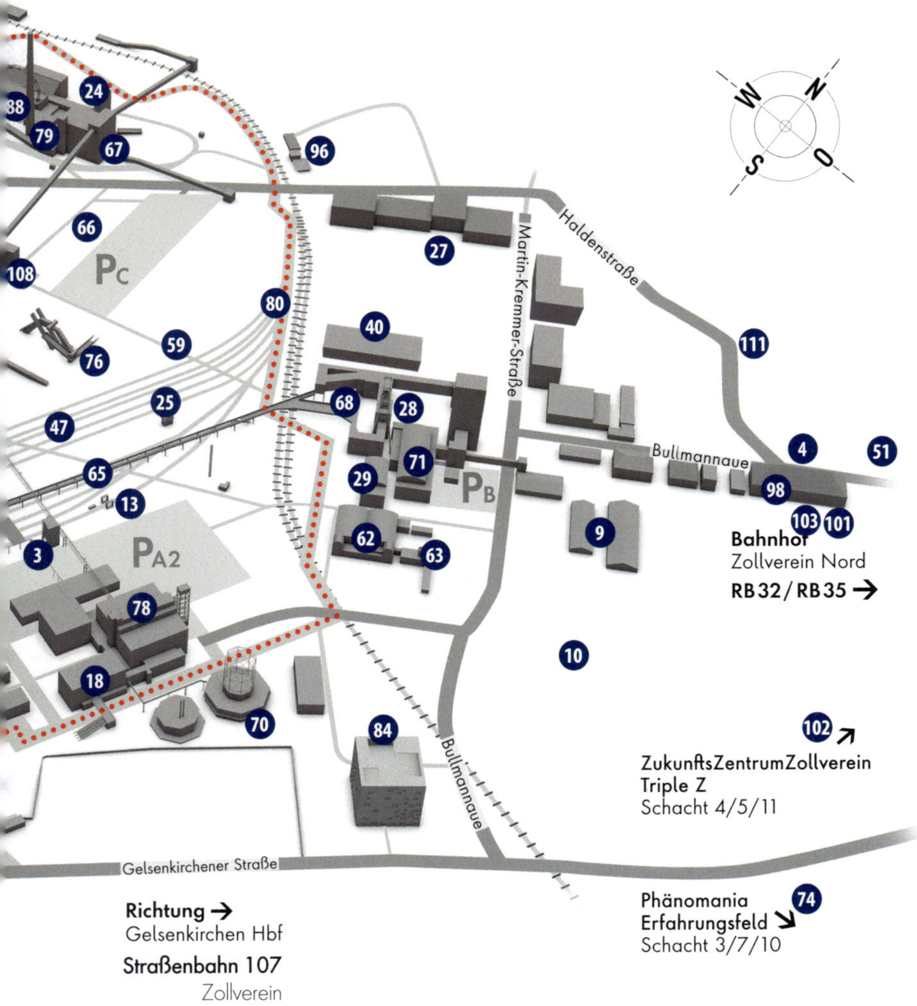

Schurenbachhalde
A42
Feldmark
(Gelsenkirchen)
Altenessen-Nord
Emscherstraße
Schalker Straße
Halde Zollverein
Meerbruch-straße
Trabrennbahn
Nienhausenstraße
Zollvereinstraße
Viktoriastraße
Katernberger Straße
Revierpark Nienhausen
Katernberg
Gelsenkirchener Straße
Schonnebeckhöfe
Köln-Mindener-Straße
Ückendorfer Straße
Zeche Zollverein
Gelsenkirchener Straße
Schonnebeck
Backwinkelstraße
Huestraße
Im Mühlenbruch
Hallostraße
Friedhof am Hallo
Langemarckstraße
Stoppenberg
N
0
200 m

Rüdiger Liedtke
111 Münchner Meisterwerke, die man gesehen haben muss
ISBN 978-3-7408-1297-3

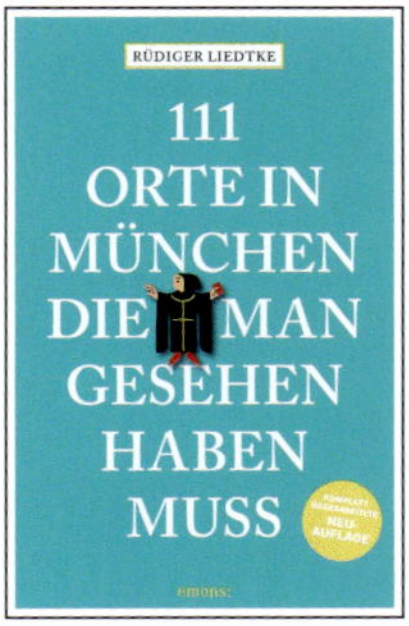

Rüdiger Liedtke
111 Orte in München, die man gesehen haben muss, Band 1
ISBN 978-3-7408-1298-0

Rüdiger Liedtke
111 Orte in München, die man gesehen haben muss, Band 2
ISBN 978-3-7408-0722-1

Rüdiger Liedtke
111 Orte in München, die Geschichte erzählen
ISBN 978-3-7408-0876-1

Rüdiger Liedtke
111 Orte in München auf den Spuren der Nazi-Zeit
ISBN 978-3-7408-0354-4

Rüdiger Liedtke,
Laszlo Trankovits
111 Orte in Kapstadt, die man gesehen haben muss
ISBN 978-3-95451-456-4

Rüdiger Liedtke
111 Heilige im Rheinland, die man kennen muss
ISBN 978-3-7408-0886-0

Rüdiger Liedtke
111 Orte auf Mallorca, die man gesehen haben muss
ISBN 978-3-7408-1532-5

Rüdiger Liedtke
111 Kölner Meisterwerke, die man gesehen haben muss
ISBN 978-3-95451-838-8

Literatur

Bednorz, Achim, Walter Buschmann: Der Pott. Industriekultur im Ruhrgebiet. Köln 2020.

Borgelt, Christiane, Regina Jost: Welterbe Zollverein Essen. Die Neuen Architekturführer Sammelband 12. Berlin 2009.

Borsdorf, Ulrich, Theodor Heinrich Grütter: Ruhr Museum. Natur Kultur Geschichte. Essen 2010.

Bösch, Delia: Zollverein entdecken. Unterwegs auf dem Weltkulturerbe. Essen 2007.

Busch, Wilhelm, Thorsten Scheer (Hrsg.): Symmetrie und Symbol. Die Industriearchitektur von Fritz Schupp und Martin Kremmer. Köln 2002.

De la Chevallerie, Huberta: Zeche Zollverein Schacht XII in Essen. Gebauter Gedanke. Essen 2004.

Deutsches Bergbaumuseum Bochum: Glück auf! Ruhrgebiet. Der Steinkohlenbergbau nach 1945. Bochum 2009.

Durchholz, Ute: Zeche Zollverein. Vom Steinkohlenbergwerk zum Weltkulturerbe. Berlin 2015.

Engelskirchen, Lutz: Zeche Zollverein Schacht XII. Museumsführer. Essen 2000.

Entwicklungsgesellschaft Zollverein: Zollverein – Die Gegenwart/Die Zukunft. Essen 2003.

Entwicklungsgesellschaft Zollverein (Hrsg.): Welterbe Zollverein. Neuanfang Wachstum Perspektiven. Essen 2010.

Gawehn, Gunnar: Zollverein. Eine Ruhrgebietszeche im Industriezeitalter 1847–1914. Essen 2014.

Geschichtswerkstatt Zollverein (Hrsg.): Zeche Zollverein. Einblicke in die Geschichte eines großen Bergwerks. Essen 1996.

Künstlergruppe Observatorium: Der Grüne Schatten. Ein Wanderführer durch das Abseits vom Weltkulturerbe Zollverein. Essen 2016.

Laufer, Ulrike: Weltkulturerbe Zollverein. Bergbau, Design und Kunst. Köln 2007.

Mämpel, Wulf, Liliane Zuuring, Frank Vinken: Zollverein. Welterbe: Von der Kohle zur Kultur. Essen 2009.

Marth, Hermann (Hrsg.): Zollverein. Welterbe und Zukunftswerkstatt. Berlin 2018.

Osses, Dietmar u.a.: Kohle Koks Kultur. Die Kokereien der Zeche Zollverein. Dortmund 2002.

Stiftung Zollverein (Hrsg.): Welterbe Zollverein. Geschichte und Gegenwart der Zeche und Kokerei Zollverein. Essen 2008.

Stiftung Zollverein (Hrsg.): Kunstführer Zollverein. Essen 2011.

Stiftung Zollverein u.a.: Mein Zollverein. Starke Geschichten aus dem Essener Norden. Essen 2014.

Stiftung Zollverein, ARGE Zollverein Park – Planergruppe, Firstdesign, Observatorium: Zollverein Park. Staub, Stille und Spektakel. Köln 2017.

Bildnachweis

© der Fotografien: Rüdiger Liedtke, außer:
Ort 1 Der Abbauhammer (unten): © Geschichtswerkstatt – Zeche Zollverein e.V.; Ort 5 Das Atelier Mack (oben): © Johann Schmidt / Fotoarchiv Ruhr Museum; Ort 22 Der Ehrenhof (oben/unten): © Jochen Tack / Stiftung Zollverein; Ort 23 Die Eisbahn: © Jochen Tack / Stiftung Zollverein; Ort 24 Die Erinnerungstafel (unten): © Nachlass Reinhold Grau / LWL-Medienzentrum für Westfalen; Ort 36 Die Geschichtswerkstatt (oben): © Geschichtswerkstatt – Zeche Zollverein e.V., unten: © Anton Meinholz / Fotoarchiv Ruhr Museum; Ort 41 Die Grubenpferde: © Archiv Stiftung Zollverein, Sammlung Tönnies; Ort 42 Die Halde Zollverein (unten): © Geschichtswerkstatt – Zeche Zollverein e.V.; Ort 45 Die heilige Barbara (unten): © Geschichtswerkstatt – Zeche Zollverein e.V.; Ort 54 Die Kokerei (unten): Manfred Scholz / Fotoarchiv Ruhr Museum; Ort 57 Die Köln-Mindener (unten): © Walter Moog / Fotoarchiv Ruhr Museum; Ort 64 Der Magnet (unten): © Erwin L. Hahn Institute; Ort 76 Der Portalkratzer (unten): © Peter Hullermann; Ort 107 Das Werksschwimmbad: © Jochen Tack / Stiftung Zollverein; Ort 110 die Zechensiedlungen (unten): © Geschichtswerkstatt – Zeche Zollverein e.V.

Dank

Mein herzlicher Dank gilt allen Personen und Einrichtungen auf Zollverein, die mich bei der Erstellung dieses Buches hilfreich unterstützt haben, insbesondere Prof. Dr. Hans-Peter Noll, Prof. Heinrich Theodor Grütter und Thorsten Seifert von der Stiftung Zollverein sowie Dr. Hermann H. Nocke, Günter Stoppa und allen weiteren Mitgliedern der Geschichtswerkstatt Zollverein. Beate Schlanstein danke ich für die aktive Begleitung dieses Projekts.

Rüdiger Liedtke ist Autor der Erfolgsbücher »111 Orte in München, die man gesehen haben muss« und der »111 Orte« auf Mallorca und in Kapstadt. Auch von ihm: »111 Kölner Meisterwerke, die man gesehen haben muss«. Sein besonderes Interesse gilt seit Langem spektakulärer Architektur. Dafür sind die Orte der Industriekultur im Ruhrgebiet ein reicher Fundus. Rüdiger Liedtke lebt und arbeitet in Köln. www.ruediger-liedtke.de